Quero
continuar
vivendo
depois da
morte

THOMAS SPARR

Quero continuar vivendo depois da morte

A história de *O diário de Anne Frank*

Tradução de
Rafael H. Silveira

1ª edição

EDITORA RECORD
RIO DE JANEIRO • SÃO PAULO
2025

CIP-BRASIL. CATALOGAÇÃO NA PUBLICAÇÃO
SINDICATO NACIONAL DOS EDITORES DE LIVROS, RJ

S726q
    Sparr, Thomas
        Quero continuar vivendo depois da morte : a história de O diário de Anne Frank / Thomas Sparr ; tradução Rafael H. Silveira. - 1. ed. - Rio de Janeiro : Record, 2025.

        Tradução de: "Ich will fortleben, auch nach meinem tod". die biographie des tagebuchs der Anne Frank
        ISBN 978-85-01-92341-7

        1. Frank, Anne, 1929-1945. 2. Guerra Mundial, 1939-1945 - Judeus. 3. Países Baixos - História - Ocupação alemã, 1940-1945. 4. O diário de Anne Frank - História. I. Silveira, Rafael H. II. Título: A história de O diário de Anne Frank. III. Título.

24-95478
        CDD: 940.5318
        CDU: 94(100)'1939/1945'

Gabriela Faray Ferreira Lopes - Bibliotecária - CRB-7/6643

Título original:
»Ich will fortleben, auch nach meinem Tod«. Die Biographie des Tagebuchs der Anne Frank

Copyright © 2023 by Anne Frank Fonds

Traduzido do original em alemão. Primeira publicação pela S. Fischer Verlag.

Texto revisado segundo o Acordo Ortográfico da Língua Portuguesa de 1990.

Todos os direitos reservados. Proibida a reprodução, no todo ou em parte, através de quaisquer meios. Os direitos morais do autor foram assegurados.

Direitos exclusivos de publicação em língua portuguesa somente para o Brasil adquiridos pela
EDITORA RECORD LTDA.
Rua Argentina, 171 – Rio de Janeiro, RJ – 20921-380 – Tel.: (21) 2585-2000, que se reserva a propriedade literária desta tradução.

Impresso no Brasil

ISBN 978-85-01-92341-7

Seja um leitor preferencial Record.
Cadastre-se no site www.record.com.br e receba informações sobre nossos lançamentos e nossas promoções.

Atendimento e venda direta ao leitor:
sac@record.com.br

SUMÁRIO

PRÓLOGO	**9**
AMSTERDÃ, VERÃO DE 1945	**15**
De Auschwitz a Amsterdã	16
A cidade devastada	20
Números	23
Diários	25
"Anne, uma mocinha especial"	30
O PROCESSO DE SURGIMENTO DO DIÁRIO	**35**
Cópias	38
Ondergedoken, na clandestinidade	47
Editora Contact	50
Impressum	52
"Referência mundial"	54
Textos literários	61
ANNE FRANK NA ALEMANHA	**65**
A revista *Akademische*	69
1950	79

Falsificação	87
Do lado de fora da porta	89
A criança salva	91

ANNE FRANK NA BROADWAY — **95**

Uma Broadway totalmente alemã	102
O espectador ausente	104
Na grande imprensa	110
O gato adestrado	112
Máximo louvor	118
"Anne Frank nos Estados Unidos"	122

"A TÍTULO DE PREFÁCIO" — **131**

Amparo	133
O Prêmio da Paz	137
Das Brandopfer, o holocausto	143
As Nações Unidas	147
Um contemporâneo	149
La leçon, a lição francesa	151
Nações separadas	152

JIDDISCHLAND — **155**

A voz de Anne Frank	156
O processo	165
Israel	167
Togbukh fun a Meydel, a edição ídiche	168
A quem pertence Anne Frank?	170
Do que a gente fala...	177

ANNE FRANK AO REDOR DO MUNDO — **181**

Het Wonder van Anne Frank, o milagre de Anne Frank	183
Mademoiselle Frank	184

Escandinávia	189
Rua Herbstgasse	197
Kakfa lê Anne Frank	204
Pen-friend, um amigo de correspondência	212
A Anne do Japão	217
O diário sul-africano	223

A ESQUECIDA MARGOT	**227**
Traços	228
Períodos escolares	230
"Irmãzinha"	234
Melhores amigas	236
O Peter duplo	238

CONTINUAR VIVENDO	**241**
A obra pública	242
Alemães e judeus	247
Legado	251
Livros sobre Anne Frank	254
Queerness	257
Novas mídias: TikTok e Instagram	259
Bob Dylan	261

EPÍLOGO: LIVRO DE HISTÓRIA OU BELETRÍSTICA?	**263**

ANEXOS	**265**
Um resumo das versões do diário	267
Cronologia	271
Agradecimentos	275
Bibliografia	277

PRÓLOGO

O diário de Anne Frank. Nenhum outro livro de nosso passado recente desfruta de tal importância, nenhum escrito que tenha sobrevivido ao período do nazismo comoveu tanto quanto esse livro, de forma tanto individual quanto coletiva. E provavelmente nenhum outro livro nem o local de sua criação — nesse caso, o esconderijo nos fundos do anexo no edifício da rua Prinsengracht — conseguirão se entranhar nos protocolos de uma visita de Estado como esse diário conseguiu. Livros possuem um destino e uma "biografia" próprios.

Em junho de 1942, a filha de 13 anos de uma família judia alemã começou a escrever um diário no esconderijo em que se encontravam e prosseguiu quase até o dia da batida policial. No dia 4 de agosto de 1944, os nazistas[1] prenderam as oito

---

1 No original, *Nationalsozialisten*, literalmente "nacional-socialistas". Embora o termo "nacional-socialismo" componha o nome oficial da ideologia, optou-se nesta edição pelo uso de "nazismo" e seus derivados, amplamente difundidos no Brasil. A inserção da partícula "socialista" no nome do partido

pessoas judias ali escondidas, e a família Frank foi deportada para Auschwitz passando pelo campo de Westerbork, nos Países Baixos,[2] em 3 de setembro de 1944. Em Auschwitz morre a mãe, Edith, em janeiro de 1945. As irmãs Margot e Anne chegam ao campo de concentração de Bergen-Belsen, na Alemanha, no início de novembro de 1944, em um trem de carga. Em março de 1945 morre Margot, a irmã três anos mais velha, vítima da epidemia de tifo que assolava o campo. Alguns dias mais tarde, morre Anne, então com 15 anos.

O único a sobreviver em Auschwitz é o pai e marido Otto Frank, que, no verão de 1945, retorna finalmente a Amsterdã em uma longa viagem por Odessa, Tchernivtsi e França. Em Amsterdã ele fica sabendo do destino de sua família dizimada, primeiro pela morte de sua mulher, depois pela morte das duas meninas. Das mãos de Miep Gies — uma funcionária de sua antiga firma, Opekta, que, desde 1942, provera a família escondida com itens básicos de sobrevivência — ele recebe o diário de sua filha Anne. Após um primeiro momento de hesitação, ele decide ler o diário e, em seguida, inicia uma primeira tradução de partes do texto para o alemão. A divulgação do diário se torna a tarefa central de sua vida.

---

tratava-se de uma mera estratégia de apelo às camadas populares; os comunistas e socialistas propriamente ditos eram vistos por Hitler como inimigos políticos e, portanto, foram alvo de perseguição e prisão. [*N. da E.*]

2   Esta edição alterna os nomes "Holanda" e "Países Baixos", assim como "holandês" e "neerlandês", como pares equivalentes. [*N. da E.*]

PRÓLOGO

O diário de Anne Frank é publicado em 1947, primeiramente em neerlandês, sob o título *Het Achterhuis* [O Anexo][3] — título que a própria Anne cogitara para aquilo que chamava de seu romance. Em 1950, o livro é publicado em francês, depois em alemão, e, em 1952, chega aos Estados Unidos, a Israel e a vários outros países.

Ele se torna um dos livros mais lidos no mundo. Esse feito, entretanto, não deve ocultar o dificultoso início do processo de publicação da obra, bem como as alegações de que seu conteúdo teria sido forjado, de que não passaria de um esquema de Otto Frank para obter lucro. O sucesso desse livro — sua difusão, suas traduções, suas adaptações para palcos e telas mundo afora, mesmo a própria divulgação do nome de Anne Frank —, essa "história de sucesso", caso se queira chamá-la assim, revela-se, em uma observação mais apurada, uma sucessão de fracassos, de mal-entendidos, de controvérsias. A fama do diário teve de se impor frente à infâmia dos resquícios do nazismo na Alemanha — mas também em outros lugares —, a figura de Anne Frank se fragmenta desde o princípio em inúmeros reflexos. Mesmo assim — ou exatamente por esse motivo —, nenhuma outra obra literária após 1945 apresenta um impacto tão grande quanto esse livro. Não há um adulto na Europa e em outros lugares e praticamente nenhuma criança em idade escolar

---

3   Os termos, títulos e expressões em língua estrangeira que não possuem tradução canônica ou edição brasileira estão acompanhados de suas respectivas traduções livres entre colchetes. [*N. da E.*]

12   THOMAS SPARR

que não tenha ouvido falar de Anne Frank, que não tenha lido o diário ou visto um filme ou uma peça de teatro — seja nos Países Baixos, na Alemanha, nos Estados Unidos, na África do Sul, na Ásia, na Austrália ou na América Latina.

Nos últimos setenta anos, a biografia de Anne Frank foi pesquisada de forma intensiva, em aspectos como a origem de sua família, a vida de Otto Frank, o círculo dos colaboradores, das amigas e amigos, dos possíveis delatores do esconderijo. O surgimento do diário foi estudado minuciosamente, levando à diferenciação de quatro estágios principais e, por fim, à publicação de uma edição crítica. Hoje há miniaturas que nos permitem reconstruir o esconderijo da rua Prinsengracht, nº 263. Há filmes, adaptações teatrais, textos, exposições, centros e iniciativas que levam o nome de Anne Frank, além de incontáveis publicações. Apenas o caminho, ou melhor, os caminhos que o diário percorreu em sua divulgação, em seu impacto, ainda não tinham sido retraçados com precisão.

Este livro aborda a história do diário, ou mais precisamente: as histórias. Seria ele um diário no sentido comum, como até hoje ainda é lido? Ou seria literatura em forma de diário, o que se aproximaria muito mais da intenção da jovem autora? O que teria feito com que ele gerasse esse impacto enorme, mundial? Quais especificidades e estratégias foram utilizadas na divulgação do diário? O que era previsível ou intencional e o que aconteceu por acaso? Em que medida *O diário de Anne Frank* contribuiu para a compreensão dos

PRÓLOGO 13

crimes do nazismo? E, de uma outra perspectiva: em que medida essa compreensão foi limitada por um sentimentalismo exagerado associado à obra? Será que muitas vezes não se criou uma imagem piegas de Anne Frank e seu diário? Como a recepção do diário se transformou ao longo das décadas? Como ele será lido e compreendido no futuro?

Para encontrar respostas para essas perguntas, precisaremos revirar correspondências com editoras, visitar redações, ler críticas, ouvir entrevistas, analisar planos (bem-sucedidos ou não) de peças de teatro ou filmes, reconstruir processos judiciais. A "biografia" de um livro não tem a linearidade que pressupomos (muitas vezes de forma errônea) quando relatamos uma vida humana, segundo a qual estruturamos a biografia de uma pessoa quando a escrevemos. A "biografia" de um livro conhece ainda menos causalidades do que as que supomos no caso de uma vida. A história da recepção de *O diário de Anne Frank* também é definida por acasos, criando por vezes uma simultaneidade de fatores não simultâneos que se resolve apenas posteriormente. O diário foi lido para frente e compreendido para trás, para utilizar a famosa expressão de Kierkegaard. Algumas etapas da história de seu impacto nos permitem ler a obra de novas formas; na Cidade do Cabo ou em Durban, o diário é lido de modo diferente do que em Tel Aviv, Nova York, Damasco ou em Copenhague e Berlim. Mesmo assim: ele é lido em toda parte. Nesse caso, a geografia é, no mínimo, tão importante quanto a cronologia.

Certa vez perguntei a um grupo de estudantes quais deles tinham lido *O diário de Anne Frank*. Todos responderam afirmativamente, menos uma estudante, que confessou não ter lido. Em resposta à minha pergunta sobre o motivo e à minha reação intrigada, ela respondeu que tinha se sentido intimidada pelo diário — intimidada pela relevância, pelas diversas interpretações e provavelmente, visto que ela estudava teologia, por seu caráter sacro.

A história do impacto do diário levanta ambivalências presentes nele — para a sorte da posteridade, mas para o infortúnio dos parentes mais próximos. O diário é tanto um documento histórico incomum quanto uma obra literária incomum. Com o passar dos anos, passou a ser lido apenas como documento histórico.

O diário não está livre de sentimentalismo, mas ele é conduzido pela extraordinária autoconsciência de uma menina, ou melhor, de uma jovem moça, que, embora seja atenta à forma, por vezes é brincalhona. Essas ambivalências e a força para suportá-las são a base da importância de *O diário de Anne Frank*. Há poucas certezas: primeiramente, o caderno de notas de capa xadrez; a primeira data, 12 de junho de 1942; e a última, 1º de agosto de 1944. Porém, há ainda uma segunda data de surgimento: o verão de 1945. É aí que começa este livro, que procura nos levar até os limites do presente.

AMSTERDÃ, VERÃO DE 1945

"ARRIVEE BONNE SANTE MARSEILLE PARTONS PARIS BAISERS – OTTO FRANK." O telegrama chegou para a família de Otto Frank no dia 27 de maio de 1945, na Basileia, na Suíça. Havia vários anos que os parentes não recebiam notícias diretamente de Otto, Edith e suas filhas Margot e Anne. Agora finalmente tinham dado um primeiro sinal de vida, dizendo que tinham chegado bem, com saúde, além de "partimos", no plural, para Paris, e "beijos – Otto Frank". Quando expediu a mensagem da cidade costeira no mar Mediterrâneo, Otto, recém-libertado de um campo de concentração, tinha deixado para trás uma odisseia de um mês inteiro passando por Katowice, Tchernivtsi, Odessa, Marselha, indo em direção a Amsterdã. A parada em Paris acabaria não acontecendo. O emissor e o destinatário do telegrama tinham entendido de formas diferentes a quem o "partimos" se referia: Otto tinha se referido ao navio e seus passageiros, sua família pensara que ele se referia a si, Edith, Margot e Anne.

Imediatamente após sua libertação, Otto Frank iniciou a escrita de um diário — ou, na verdade, de um caderno de anotações —, graças ao qual temos informações a respeito das etapas de sua longa viagem. Carol Ann Lee utilizou algumas das informações desses escritos no livro *The Hidden Life of Otto Frank* [A vida secreta de Otto Frank], traduzido três anos mais tarde para o alemão como *Otto Franks Geheimnis. Der Vater von Anne Frank und sein verborgenes Leben* [O segredo de Otto Frank: o pai de Anne Frank e sua vida oculta]. O título em inglês condiz melhor com a intenção da autora de explicar a vida do pai de Anne e Margot, que em um primeiro momento era praticamente desconhecida pelo público geral. Uma vida completamente dedicada à divulgação do diário da filha mais nova. Hoje temos mais clareza do que nas décadas passadas sobre como o diário foi encontrado, conservado, lido e avaliado.

DE AUSCHWITZ A AMSTERDÃ

O Exército Vermelho libertou Otto Frank de Auschwitz no dia 27 de janeiro de 1945; no dia 5 de março, os trens russos chegavam a Katowice, na Silésia, com os sobreviventes. No mesmo dia, a Cruz Vermelha polonesa confirmou a Otto Frank e a dois outros sobreviventes neerlandeses que tinham permissão para retornar aos Países Baixos. Antes da partida, os prisioneiros libertados do campo de concentração

AMSTERDÃ, VERÃO DE 1945

foram abrigados em uma escola no centro de Katowice. Na cidade havia soldados russos; a população alemã tinha, em sua maioria, fugido, e as primeiras famílias polonesas que tinham sido expulsas começavam a retornar a seus apartamentos e casas.

No dia 15 de março, Otto escreveu uma carta para sua mãe, na Basileia, que ela receberia meses mais tarde, muito depois do telegrama cheio de esperança:

Agora estamos aqui, esperando transporte para a Holanda. Não tenho nenhuma notícia de Edith e das meninas. Supostamente foram deportadas para a Alemanha. Será que vamos nos rever com saúde? Que falta eu sinto de tudo e de vocês todos! É um milagre eu ainda estar vivo. Tive muita sorte e tenho de ser grato. Não temos mais nada. Espero que essas linhas encontrem vocês com saúde. Escreverei de novo em breve.

Com amor, seu Ottel

Três dias depois, já em Katowice, ele escreveria sobre o quanto o torturava não saber onde sua mulher Edith e suas filhas estavam, mas contrapunha:

Tenho, porém, esperança de rever todas com saúde e não quero ficar deprimido [...]. Estamos recebendo cuidados suficientes e eu sempre me lembrarei com gratidão da libertação pelos russos. Se eu não tivesse ido para o hospital [em Auschwitz] por conta da fraqueza física — eu estava pesando 52 kg —, com certeza eu não estaria mais vivo. Tive muita sorte e bons amigos [...]. O que nossos amigos de Amsterdã — Miep Gies, Kleiman, Kugler, Bep — fizeram por nós, cuidando da gente no nosso esconderijo, não poderemos retribuir nunca. Kleiman e Kugler foram presos pela Gestapo ao mesmo tempo que nós e enviados para um campo de concentração. Isso não sai da minha cabeça, só espero que eles agora já estejam em liberdade.

Quatro dias depois, em 22 de março, Otto Frank, que ainda estava na Escola Ferdinand, em Katowice, Polônia, foi informado por Rootje de Winter, que havia conhecido anteriormente no campo de Westerbork, sobre o destino de sua família em Auschwitz. No dia 27 de outubro de 1944 ocorrera uma seleção. As mulheres mais jovens e fortes foram enviadas para trabalhar em uma fábrica de munição na Tchecoslováquia, ocupada pelos alemães; a filha de Rootje de Winter, Judith, era uma delas. As duas filhas de Otto Frank, Margot e Anne, teriam tido boas chances de também serem enviadas para lá. Porém, Anne foi levada primeiramente para o bloco de detentos com sarna; Margot decidiu acompanhá-la.

Três dias depois, em 30 de outubro, Rootje de Winter e Edith Frank sobreviveram a uma "seleção em massa" ao

AMSTERDÃ, VERÃO DE 1945

conseguirem fugir para um outro dormitório quando já estavam no corredor da câmara de gás. No inverno, Edith ficou gravemente doente e foi para um posto médico, com a ameaça constante de ser enviada à morte pelo médico da SS — do alemão Schutzstaffel, a "tropa de segurança" nazista —, dr. Mengele. Rootje viu a companheira no começo de janeiro no dormitório dos doentes: "Ela estava vindo de um outro posto médico. Era apenas a sombra de si mesma. Alguns dias depois ela morreu, totalmente exaurida de forças."

Naquele dia de março em Katowice, Otto Frank escreveu em seu caderno de notas:

> Sra. de Winter, em Zutphen. Notícia da morte de Edith em 6 de janeiro de 1945. Morreu no posto médico do campo, de exaurimento, sem sofrer. Filhas foram em outubro para os Sudetos, muito corajosas, sobretudo Anne, a mocinha especial, Anne.

Em uma carta à mãe, estando "muito emocionado", ele acrescentaria: "Na realidade, foi também um assassinato de alemães."

No início de abril de 1945, Otto Frank chega a Tchernivtsi, a metrópole da monarquia do Danúbio, na Bucovina, antes uma cidade multicultural através da qual a guerra e a ocupação alemã tinham aberto uma clareira de destruição. Lá, Otto Frank conseguira encontrar Paul Antschel, que aproximadamente naqueles dias ou algumas semanas antes tinha escrito "Todesfuge" [Fuga da morte], um poema que anos mais tarde se tornou famoso, uma das primeiras manifestações poéticas em relação ao extermínio do judaísmo europeu. Paul — que mais tarde passou a se chamar Paul Celan — tinha perdido seus pais e amigos nos campos de trabalho e de extermínio alemães.

Duas semanas mais tarde, no dia 21 de abril, conseguiram embarcar em um trem de carga para Odessa, a cidade portuária no mar Negro, onde antigos prisioneiros eram acolhidos de forma um pouco improvisada. Após várias semanas, um navio da Nova Zelândia, o *Monowai*, levou-os para Marselha.

Uma semana mais tarde, em 3 de junho de 1945, Otto Frank chegava finalmente ao lugar de onde os invasores o haviam levado com sua família em agosto de 1944: "Às dez horas, partida de carro para Utrecht-Roterdã-Amsterdã. Às oito, tudo estava como planejado. Fui de táxi ver Miep. Todos com saúde, Kugler, Kleiman e Lotte Pfeffer. Que alegria revê-los, e quanto luto! É um grande peso que me é tirado dos ombros saber que estão todos aqui."

Assim terminam as anotações de Otto Frank sobre sua viagem de Auschwitz a Amsterdã.

A CIDADE DEVASTADA

Otto Frank chegara a uma cidade devastada pela guerra. O inverno anterior, durante os meses antes da libertação, tinha

AMSTERDÃ, VERÃO DE 1945

sido marcado por uma fome terrível. As sequelas internas, psicológicas, invisíveis à primeira vista, se estenderiam ainda por muito tempo. Milhares de moradores da cidade não tinham notícias de seus parentes e amigos, quase toda a população judia de Amsterdã tinha sido deportada e, em grande parte, assassinada. Os invasores tinham imposto um recenseamento em 1941, segundo o qual nos Países Baixos viviam 140.522 pessoas "completamente judias", das quais 14.381 imigrantes judeus alemães, como a família Frank, de quatro integrantes, originária de Frankfurt am Main. Outros 7.621 judeus vinham de outros países. Quase 80 mil dos "completamente judeus" identificados em 1941 viviam em Amsterdã; destes, 69.111 eram judeus neerlandeses, 6.916 eram alemães e alguns poucos pertenciam a outras nacionalidades. No dia 10 de outubro de 1941, o dr. Hans Böhmcker foi nomeado pelo seu financiador, o comissário do Reich Arthur Seyss-Inquart, como "representante público das medidas de combate aos judeus" em Amsterdã. Ele ordenou a perseguição mais acirrada e, finalmente, o extermínio da população judia. Os Países Baixos eram o país europeu com o maior número de judeus deportados.

Em 12 de junho de 1942, na rua Merwedeplein, nº 37, no sul de Amsterdã, Anne passava seu aniversário de 13 anos:

> Na sexta-feira, dia 12 de junho, eu já estava acordada às seis da manhã, o que não era de espantar, já que era o meu aniversário. Mas eu não podia me levantar às

seis, de modo que tive de conter minha curiosidade até quinze para as sete. Depois não consegui mais. Foi quando não aguentei mais e fui até a sala de jantar, onde a Moortje (a gata) me deu as boas-vindas com cabeçadinhas.

Pouco depois das sete, fui ver o papai e a mamãe e em seguida me dirigi à sala para desembrulhar os presentes; mas os meus olhos logo encontraram *você*, talvez o mais maravilhoso de todos os presentes. Depois, um buquê de rosas, dois ramalhetes de rosas de Pentecostes.[4] Do papai e da mamãe eu ganhei uma blusinha azul, um jogo, uma garrafa de suco de uva que, para o meu gosto, tinha um quê de vinho pronunciado demais (afinal, vinho é feito de uva), um quebra-cabeça, um pote de creme, uma nota de 2,50 florins e dois vales-livro. Depois ganhei também um livro, o *Camera obscura*, que acabei trocando porque Margot já tinha; depois vieram uma fornada de biscoitos (assados por mim mesma, claro, porque assar biscoitos é a minha mais nova especialidade), muitos doces e uma torta de morango da mamãe. Uma carta da vovó, que chegou bem a tempo, ainda que tenha sido, é claro, por acaso.[5]

---

4 Do original *Pfingstrosen*, peônias que florescem no tempo de Pentecostes. [*N. da E.*]

5 Todas as citações do diário foram retiradas de *Obra reunida*, traduzida por Cristiano Zwiesele do Amaral (Rio de Janeiro: Record, 2019); em geral, foi usada a versão *d*, salvo quando indicado. [*N. da E.*]

AMSTERDÃ, VERÃO DE 1945

A primeira coisa avistada na mesa de presentes naquela manhã de sexta-feira é um álbum de poesia[6] de capa xadrez em vermelho, branco e marrom que mais tarde se tornaria mundialmente famoso. "A você — assim espero — vou poder confiar tudo como nunca antes a mais ninguém, e espero que seja para mim um grande apoio" — assim começa a primeira entrada do diário.

Enquanto isso, as dificuldades da população judia de Amsterdã aumentavam. Adolf Eichmann, que havia ordenado a perseguição e o extermínio de judeus europeus também em Amsterdã, aumentou o número de judeus a serem deportados de 15 mil para 40 mil. Quando a irmã mais velha de Anne, Margot, recebe, em 5 de julho de 1942, a "convocação" para trabalhar na Alemanha — para ser deportada —, a família Frank se esconde no dia seguinte no anexo do prédio na rua Prinsengracht.

NÚMEROS

É preciso relembrarmos os números que Barbara Beuys apresenta em seu livro *Leben mit dem Feind. Amsterdam unter deutscher Besatzung 1940-1945* [Vivendo com o inimigo.

---

6 Tradução literal de *Poesiealbum*, um tipo de caderno tradicional na Alemanha, onde amigos ou familiares escrevem mensagens, poemas, dedicatórias ou fazem desenhos. É semelhante a um livro de recordações ou de dedicatórias em português. [*N. da E.*]

Amsterdã sob ocupação alemã, 1940-1945], seguindo a obra canônica de Louis de Jong *Het Koninkrijk der Nederlanden in de Tweede Wereldoorlog* [O Reino dos Países Baixos na Segunda Guerra Mundial]: dos mais de 140 mil judeus dos Países Baixos, cerca de 107 mil foram capturados e deportados de julho de 1942, quando a família Frank se escondeu, até outubro de 1943, em cerca de catorze meses. Deles, 5 mil sobreviveram. Cento e dois mil judeus neerlandeses foram executados, mais da metade (exatamente 54,9%) deles morreram no campo de concentração Auschwitz-Birkenau — como a mãe e esposa Edith Frank —, 33,4% em Sobibor. Os demais morreram — como Margot e Anne — em campos como Bergen-Belsen ou sucumbiram em 1945, nas marchas da morte em direção ao oeste.

Quase 99% de todas as deportações de Amsterdã para Westerbork aconteceram em apenas catorze meses, entre julho de 1942 e outubro de 1943. Quando, nove meses mais tarde, em agosto de 1944, a família Frank foi detida, Amsterdã já tinha o título, na terminologia nazista, de cidade "purificada de judeus". A família foi levada de Westerbork no último trem para Auschwitz.

Os aliados que desembarcaram na Normandia em junho de 1944 alcançaram a capital dos Países Baixos apenas mais tarde. No dia 4 de maio de 1945, a Rádio Herrijzend Nederland de Eindhoven comunicava: "Os Países Baixos estão livres." Na noite seguinte, a rainha Guilhermina, que dois

AMSTERDÃ, VERÃO DE 1945

dias antes tinha retornado do exílio britânico para Haia, falou aos seus súditos:

> Homens e mulheres dos Países Baixos! Nossa língua não possui palavra para descrever o que se passa em nossos corações nesse momento de libertação. Finalmente somos outra vez senhores de nosso lar. O inimigo foi derrotado, de leste a oeste, do sul ao norte; as tropas de execução, as prisões e campos de tortura desapareceram.

DIÁRIOS

Otto Frank, um homem já de seus 55 anos, foi o único de sua família a sobreviver ao terror. Era uma exceção alguém dessa idade resistir ao período no campo de concentração, ao trabalho forçado, à fome e à doença. Em 1947, a Cruz Vermelha concluiu que judeus de menos de 16 e mais de 50 anos tinham sido "praticamente exterminados" pela perseguição. Não era incomum para a época o fato de Otto Frank manter uma espécie de diário de viagem e mais tarde um calendário. Os sobreviventes queriam testemunhar sobre o que tinham vivido. Ainda durante a guerra — nos campos, guetos ou esconderijos —, as pessoas começaram a tomar notas sobre acontecimentos, períodos e lugares, muitas vezes até mesmo para deixar um testemunho sobre as condições quase inacreditáveis de suas vidas e de suas mortes para as gerações futuras. Victor Klemperer, por exemplo, escreveu seu diário em Dresden, um testemunho único da sobrevivência ao nazismo, dando origem com ele ao *Oneg Shabbat*, o arquivo secreto do gueto de Varsóvia, também denominado Arquivo Ringelblum, em memória de seu diretor. Etty Hillesum escreveu *Uma vida interrompida* (do original holandês *Het verstoorde leven*), seu diário dos anos 1941 a 1943, que foi publicado pela primeira vez quase quarenta anos mais tarde. A tradução alemã leva o título *Das denkende Herz der Baracke* [O coração pensante do cárcere], a partir de uma frase dela própria que faz alusão a algo que distingue essas memórias, escritas entre Westerbork e Auschwitz: a ligação entre espiritualidade e racionalidade, observações diárias e percepções, ceticismo e vitalidade, uma crença que abrange a dimensão cósmica, mas, ao mesmo tempo, a dimensão interior. "Ontem, o doutor disse que eu levo uma vida interior intensa demais, que vivo pouco demais na terra, que já estou quase no limiar dos céus, e que meu físico não aguenta isso", escreve ela aos 28 anos de idade no dia 5 de setembro de 1942. E prossegue: "Talvez ele tenha razão. O último um ano e meio, meu Deus! E os últimos meses, que por si sós já pesariam por uma vida inteira. E não vivi horas em que poderia dizer: 'Essa uma hora foi uma vida inteira, e se tivesse que morrer imediatamente, essa única hora teria valido uma vida inteira?' Vivi várias horas assim. Por que não posso viver no céu também? Já que o céu existe,

AMSTERDÃ, VERÃO DE 1945

por que não se pode viver nele? Mas, na verdade, é o contrário: o céu é que vive em mim." E Etty Hillesum cita um termo do poeta Rainer Maria Rilke: "Weltinnenraum", algo como "o espaço do mundo interior".

David Rousset, sobrevivente de diversos campos de concentração, escreveu, durante as três semanas do verão de 1945 que passou em Paris, suas lembranças dos períodos de aprisionamento que tinha acabado de superar. Poucos meses mais tarde, seus relatos foram publicados em livro sob o título *L'Univers concentrationnaire* [O universo dos campos de concentração]; a primeira versão em alemão, entretanto, só foi publicada 76 anos mais tarde. Trata-se de uma anatomia da vida e da morte nos campos de concentração, da hierarquia, da ordem de destruição.

Com frequência, relatos assim surgiram sob ameaças extremas e alcançaram a posteridade como uma mensagem em uma garrafa. Muitos deles se perderam para sempre. Contudo, não podemos considerar apenas os testemunhos literários que mais tarde se tornaram famosos. Há registros e documentos da vida cotidiana daquela época, redigidos por indivíduos, destinos singulares de uma história coletiva de perseguição e extermínio. Nesse contexto se encontra o apelo do ministro neerlandês Gerrit Bolkestein, em 28 de março de 1944, que Anne ouviu no rádio com as outras pessoas no esconderijo em Amsterdã. No dia seguinte, ela escreveu a Kitty, sua destinatária imaginária:

Ontem à noite, o ministro Bolkestein falou à Rádio Oranje que, ao fim da guerra, seriam coletados diários e cartas sobre a guerra. É claro que, na mesma hora, todos quiseram saltar sobre o meu diário. Imagine como seria interessante se fosse publicado um romance sobre o Anexo. Pelo título as pessoas achariam que se trata de um romance policial.

Mas, falando sério, imagino que, uns dez anos depois da guerra, as pessoas vão achar curiosamente engraçado como nós, judeus, vivemos, comemos e falamos aqui. Apesar de eu contar a você muito de nós, ainda assim o que você fica sabendo é só uma pequena parcela do que é a nossa vida. Quanto medo sentem as damas daqui quando há bombardeios, como, por exemplo, no domingo, quando 350 aviões de guerra ingleses soltaram 500 mil quilos de bombas em Ijmuiden, como as casas tremem feito palha ao vento, quantas epidemias correm soltas por aqui [...]!

O "ministro de Educação, Arte e Ciência do governo neerlandês no exílio em Londres" apelara por meio da Rádio Oranje, a emissora de rádio do governo neerlandês no exílio, à população de seu país:

A história não pode ser escrita apenas por meio de documentos oficiais e atas de arquivo. As gerações futuras precisam compreender totalmente o que passamos e

AMSTERDÃ, VERÃO DE 1945

sofremos como povo nesses anos, e para tanto precisaremos exatamente dos escritos simples — de diários, cartas de um trabalhador da Alemanha, o sermão de um padre ou pastor. Apenas quando conseguirmos reunir esse material simples, cotidiano, em quantidades avassaladoras é que se poderá representar a imagem da luta pela liberdade com toda profundidade e em todo o seu brilho.

Nesse apelo, o diário se tornou uma mídia de esclarecimento político e presentificação histórica, uma tarefa dada pelo governo neerlandês no exílio ao povo no país ocupado: reúnam testemunhos e provas, não apenas como mera documentação, mas como ato de resistência! O apelo do ministro levou à fundação, já em maio de 1945, de um departamento e, pouco depois, do Rijksinstituut voor Oorlogsdocumentatie [Instituto Real de Documentação de Guerra] ou RIOD, hoje abreviado como NIOD, após a mudança do nome para Instituut voor Oorlogs-, Holocaust- en Genocidestudies [Instituto de Estudos da Guerra, do Holocausto e do Genocídio]. Mais tarde, o instituto desempenharia, juntamente a Otto Frank, um papel determinante na distribuição de *O diário de Anne Frank*. O instituto hoje guarda mais de 2 mil diários do período da guerra.

"ANNE, UMA MOCINHA ESPECIAL"

Amsterdã tinha sido libertada pelos aliados apenas poucas semanas antes do retorno de Otto Frank — e ainda hoje os Países Baixos celebram essa libertação a cada dia 5 de maio. No início do verão de 1945, a cidade havia acolhido inúmeros refugiados, neerlandeses retornados, expatriados como Otto Frank, sem moradia, sem renda, sem trabalho, recebendo, muitas vezes, apenas o mais básico. O passado recente abrigava apenas horrores, a população da cidade tinha passado por um inverno famélico, os sobreviventes dos campos de concentração muitas vezes estavam por conta própria, procuravam por seus parentes em listas longas e sempre incompletas da Cruz Vermelha. Judeus alemães estavam em uma situação especialmente dramática: a maioria dos neerlandeses, sobretudo após a guerra, os considerava iguais aos invasores.

Imediatamente após sua chegada a Amsterdã, Otto Frank foi até Miep e Jan Gies. Jan era empregado da firma Opekta. O casal tinha suprido as pessoas no esconderijo com mantimentos durante dois anos. Otto Frank se instalou em um quarto na casa dos Gies e retornou a seu cargo de sempre na firma Opekta, na rua Prinsengracht, esperando por notícias de suas filhas. "Até agora eu estava certo de que iria revê-las, mas aos poucos começo a ter dúvidas. Quem não vivenciou o que aconteceu na Alemanha não consegue imaginar como foi", escreveu ele, em 21 de junho de 1945, à sua irmã Leni e ao marido dela, Erich Elias, na Basileia. E prossegue:

AMSTERDÃ, VERÃO DE 1945

No que se refere às crianças, não há o que fazer, eu sei. Temos de esperar, e só. Vou diariamente ao escritório, é a única coisa que me distrai um pouco. Não consigo imaginar viver sem minhas filhas agora que perdi Edith. Vocês não sabem como as duas se desenvolveram. Escrever sobre elas me emociona demais. É claro que ainda tenho esperança e espero, espero e espero.

Cerca de três semanas mais tarde, em 18 de julho de 1945, Otto Frank encontra na lista da Cruz Vermelha os nomes "Annelies Marie Frank" e "Margot Betti Frank" seguidos de cruzes. Elas estavam mortas.

Otto Frank consegue descobrir o nome da mulher que havia pedido a colocação das cruzes após os nomes: Lien Brilleslijper. As irmãs Lien e Janny tinham sido levadas no começo de outubro de 1944 de Auschwitz para Bergen--Belsen. No campo de concentração, elas reencontraram as irmãs Margot e Anne, que tinham sido forçadas a fazer o mesmo caminho — de Auschwitz, de onde a batalha se aproximava, para a região de Lüneburger Heide (Bergen--Belsen). O espaço nas barracas não era suficiente, e tendas enormes tinham sido montadas. Lien Brilleslijper (que assumiu o nome Rebling após se casar) se lembrou mais tarde que no lavadouro "apareceram duas figuras magérrimas, definhando. Pareciam passarinhos quase congelados". Eram Margot e Anne. As duas contraíram tifo no inverno de 1944 para 1945. As irmãs Brilleslijper as reencontraram na barraca dos doentes. "Imploramos a elas que não ficassem ali, onde as pessoas decaíam muito rápido e perdiam toda a resistência [...]. Anne disse apenas: 'Aqui podemos ficar deitadas na maca de tábuas, estamos juntas e nos deixam em paz.' Margot apenas sussurrava. Ela estava com febre alta."

Em março de 1945, morreu primeiro Margot, depois Anne. Lien e Janny levaram as duas enroladas em cobertas para a vala comum. Em abril de 1945, as tropas britânicas libertaram o campo de concentração de Bergen-Belsen.

Otto Frank anotou em seu calendário: "18 de julho: Lien Rebling."

Décadas mais tarde, a jornalista Roxane van Iperen escreveu o livro *Ein Versteck unter Feinden. Die wahre Geschichte von zwei jüdischen Schwestern im Widerstand* [Um esconderijo em meio aos inimigos: a história real de duas irmãs judias na resistência]. Durante os anos de ocupação, Lien e Janny fizeram parte da resistência judaica no 't Hooge Nest, o "ninho alto", uma casa cercada de mansões de nazistas do alto escalão. Lá eram organizados secretamente atos de resistência, até que o esconderijo foi invadido em 1944. As irmãs sobreviveram a vários campos de concentração e se tornaram, após a guerra, parte da história contada de Anne Frank.

Em julho de 1945, Otto Frank recebeu das mãos de Miep Gies os escritos de Anne: "Quando soubemos, em 1945, que Anne e Margot tinham morrido em Bergen-Belsen, dei tudo que tinha das anotações de Anne ao sr. Frank."

AMSTERDÃ, VERÃO DE 1945

Os papéis estavam desordenados, pois em 4 de agosto de 1944 a tropa de detenção — também chamada de "os Verdes" por conta da cor de seu uniforme — havia feito uma busca por objetos de valor no esconderijo da rua Prinsengracht e, sem prestar atenção, tinha espalhado papéis e livros pelo chão. Por volta das 17 horas, Miep e Jan Gies foram com Bep ao Anexo, confiando no funcionário mais antigo da firma. Uma semana mais tarde, ele guardou os últimos papéis, antes que os móveis fossem recolhidos do esconderijo uma semana depois por um transporte especializado nesse tipo de situação, e os entregou a Miep e Jan Gies. Os dois sabiam que Anne tinha mantido um diário. Apenas quando ouviram que Anne e Margot tinham morrido em Bergen-Belsen é que abriram a gaveta. "Dei a ele tudo o que tinha guardado na gaveta da escrivaninha", relembra Miep Gies mais tarde.

Otto Frank recebeu os papéis, entre eles um álbum de fotos "e também os diários de Anne", como escreveu para sua mãe. "Mas ainda não tenho forças para lê-los."

O PROCESSO DE SURGIMENTO DO DIÁRIO

Algumas semanas mais tarde, Otto Frank começou a ler o diário de sua filha, e aos poucos — com hesitações e conflitos internos — decidiu tornar públicas as anotações. Ele as ordenou, fez com que fossem copiadas e traduziu partes delas do neerlandês para o alemão. Cortou parágrafos, trocou palavras. Hoje estamos a par dessas mudanças e substituições.

Como era o diário em sua forma original?

Não se deve pensar que houve uma versão original, mas sim a coexistência de duas versões fragmentárias que abrangem em parte o mesmo período.

Como presente pelo seu aniversário de 13 anos, Anne Frank ganhou um álbum de poesia com uma capa xadrez em vermelho, branco e marrom, cujo formato quase quadrado e cujas cores se tornaram algo como uma logomarca ou um protótipo do diário. O caderno termina — com exceção de algumas entradas posteriores — no dia 5 de dezembro de 1942. Em seguida, a menina continuou seu diário em outros cadernos.

Anne passou as entradas em ordem cronológica dos cadernos para outros cadernos e, a partir de abril de 1944, para folhas avulsas que ela em seguida modificou. Assim, temos duas versões do diário de março de 1944: as primeiras entradas (versão *a*) e as transcritas (versão *b*) até março de 1944. Com sua prisão, Anne não conseguiu continuar a transcrição do texto. Falta-nos a versão *a* do diário, relativa ao período de 6 de dezembro de 1942 até 21 de dezembro de 1943. Essa passagem, entretanto, encontra-se na versão *b*, transcrita por Anne.

Por isso é difícil falarmos de uma única primeira versão ou versão original do diário. Desde o princípio, Anne fez modificações na nomeação de pessoas, suprimiu alguns episódios, fez acréscimos e revisões. A primeira versão do diário compreende as duas versões *a* e *b* juntas. Delas se distingue a versão *c*, ou seja, as modificações advindas da leitura de Otto Frank, que — a partir de seu ponto de vista — fez daquilo um texto coerente. A essa versão se acrescentam também as modificações dos editores da primeira edição de 1947.

No outono de 1945, Otto Frank datilografou o álbum de poesia, dois cadernos e as mais de trezentas folhas avulsas de sua filha. Ele incorporou "o fundamental", como explicou mais tarde, para permitir que parentes e amigos lessem. O fundamental significava que ele tinha deixado de fora o que lhe parecia irrelevante, ofensivo ou comprometedor. O pai editou e deixou de fora partes em que sua filha já adolescente contava sobre a relação com a mãe, sobre a história de amor com Peter ou o aflorar de sua sexualidade, além de se esforçar para proteger a memória de outros escondidos nos trechos em que Anne os havia representado de modo sarcástico ou, ao menos da perspectiva de Otto Frank, exagerado. De todos eles, Otto tinha sido o único a sobreviver.

É possível reconhecer duas tendências nessa primeira revisão de Otto Frank: poupar os falecidos, sobretudo a mãe das meninas, sua mulher Edith — como único sobrevivente do grupo, ele deve ter sentido uma responsabilidade ainda maior nesse sentido —, e manter a severidade dos costumes que o primeiro editor impunha. Essa severidade dos costumes valia não apenas para a mentalidade calvinista dos Países Baixos, mas também para a Alemanha. Por um lado, era o passado que impunha essa severidade, por outro, o momento presente do público leitor neerlandês em 1947 — além de padrões editoriais completamente diferentes que não permitiam ou não podiam permitir a valorização do original e de seu contexto de surgimento como podemos fazer hoje, com um maior distanciamento histórico e muito mais conhecimento sobre o tema.

As modificações feitas pelo pai e pelo editor tiveram um impacto considerável na história da recepção de *O diário de Anne Frank*. Mais tarde, foram necessários esforços editoriais enormes para relativizar essas modificações, mesmo em pontos em que se tratava de detalhes. É importante ressaltar esse processo de editoração, sobretudo em razão das acusações posteriores de falsificação, que alegavam que Otto Frank seria o autor do diário ou teria modificado de forma substancial — ou até completamente — o texto. Na realidade, Otto queria disponibilizar o texto integral com os cortes que tinha feito.

Todos os esforços editoriais feitos pelo diário de Anne Frank têm um único objetivo: a reconstituição fiel e detalhada do status do texto no momento de seu surgimento, a reconstrução de uma versão original com uma pureza infantil, se é que ela existe, ou ao menos de um estado inicial do texto, no sentido mais literal da palavra. A própria jovem escritora, entretanto, levantara objeção contra uma versão assim. Afinal, ela foi a primeira pessoa a editar seus textos.

CÓPIAS

Otto Frank datilografou os papéis de sua filha em Amsterdã. Ele traduziu alguns trechos para o alemão para que sua mãe, na Basileia, pudesse ler. Segundo ele próprio, a primeira cópia que fez se perdeu. Com base na versão editada pela própria Anne Frank (versão *b*), Otto Frank fez uma nova cópia datilografada, chamada de Manuscrito Datilografado 1 em sua versão comentada do NIOD. Nesse processo, Otto corrigiu alguns pontos do texto. A palavra, inicialmente correta em neerlandês, *"pogromen"* (pogroms), por exemplo, foi modificada erroneamente por "progrooms"; "Noord-

O PROCESSO DE SURGIMENTO DO DIÁRIO

Amerika" (América do Norte) por "U.S.A." — mudanças que não melhoraram o texto.

Por fim, Otto Frank entregou sua versão para Albert Cauvern, marido de sua antiga secretária Isa Cauvern, para que ele corrigisse erros de gramática e influências linguísticas do alemão que sua filha poderia ter cometido ao escrever. Albert Cauvern, que em 1945 trabalhava em uma estação de rádio de Hilversum, corrigiu expressões em neerlandês e ampliou alguns pontos. Para a frase "porém mais difícil é estar só com caráter e alma",[7] ele sugeriu "porém mais difícil é ficar de pé com as próprias pernas sendo um ser humano que vive de forma consciente. Pois nesse caso é duplamente difícil encontrar um caminho pelo mar de problemas".[8] Nesse exemplo, vemos que Albert Cauvern amplia uma frase inicialmente bem mais simples. A versão comentada também faz menção a exclusões.

O Manuscrito Datilografado 1 traz, além disso, uma série de modificações a lápis e tinta mostradas mais tarde a Albert Cauvern, que não as identificou como sendo suas, reiterando ter feito apenas "as correções estritamente necessárias", "erros de digitação e problemas linguísticos, de gramática, pontuação". Algum tempo mais tarde, ele afirmou: "Nenhuma passagem foi excluída por mim."

---

7 No original, em holandês: "*maar nog moeilijker is het om alleen te staan met karakter en ziel*". [N. da E.]

8 Em holandês: "*maar nog moeilijker is het om op eigen benen te staan als bewustlevend mens. Want als je dat bent, is het dubbel zwaar de weg te vinden door de zee van problemen*". [N. da E.]

Com as modificações, intervenções e uma compilação que deu ordem ao texto, foi surgindo aos poucos algo como uma versão adequada à leitura: a versão *c*.

Com base no Manuscrito Datilografado 1, Isa Cauvern preparou, supostamente em janeiro de 1946, uma nova cópia datilografada, chamada pela edição comentada de Manuscrito Datilografado 2. Foi essa versão que Otto Frank deu a amigos e conhecidos, como Siegfried Kurt Baschwitz ou Werner Cahn, emigrantes alemães como ele, que reagiram de forma bastante positiva à leitura. Baschwitz escreveu para sua filha em 10 de fevereiro de 1946:

> No momento tenho aqui o diário de Anne Frank, a filha mais nova do amigo Frank. Você certamente a conheceu. Como você sabe, eles ficaram escondidos por dois anos. A menina, que tinha 14 e depois 15 anos, manteve um diário que miraculosamente passou despercebido aos alemães. É o documento destes tempos mais impactante que conheço e, como literatura, uma obra-prima impressionante. Ele traz as vivências interiores da menina se tornando moça madura, suas impressões no apertado confinamento junto do pai, que ela tanto ama, da mãe, com quem entra em conflitos, com a irmã, em quem descobre uma amiga, com a outra família, também escondida no Anexo, por cujo filho ela começa a se apaixonar. Acho que esse diário tinha de ser publicado.

O PROCESSO DE SURGIMENTO DO DIÁRIO   41

Embora curta, essa provavelmente é a primeira resenha do diário, que Siegfried Kurt Baschwitz acabara de ler. O jornalista, nascido em Offenburg, no sul da Alemanha, em 1886, tinha sido correspondente do jornal alemão *Hamburger Fremdenblatt*, publicado nos Países Baixos, e se tornado conhecido por seu livro sobre o desespero coletivo de 1923. Em abril de 1933, já residindo em Berlim, Baschwitz, como judeu, foi forçado à emigração junto de sua família. Escolheu Amsterdã, cidade que lhe era familiar. Quando os alemães invadiram os Países Baixos, Baschwitz entrou para a clandestinidade e começou a publicar usando um pseudônimo. Embora mal deixasse seu esconderijo, em uma de suas poucas saídas pelas ruas de Amsterdã, ele foi preso em uma batida e levado para o campo de concentração de Westerbork. Com ajuda de sua filha mais velha, Isa, conseguiu fugir de lá.

Um segundo resenhista do diário de Anne Frank foi Werner Cahn, que também era um emigrante judeu de origem alemã, nascido em 1903 em Solingen e, assim como a família Baschwitz, conhecido da família Frank. Otto Frank lera o diário de sua filha para ele, causando "grande impacto" em Cahn. Esse contato traria mais tarde repercussões importantes para a publicação do diário.

Werner Cahn também era secretário pessoal do autor alemão Lion Feuchtwanger e possuía, portanto, contatos com o mundo editorial neerlandês — um círculo, após os anos de guerra, bem reduzido de conhecidos que tinha um estilo característico. Em 1933, Emanuel Querido fundou em Amsterdã sua editora homônima como filial da editora Querido Uitgeverij, tendo como diretor Fritz Landshoff, que havia escapado da Alemanha. A editora Querido se tornou o endereço principal para literatura em língua alemã no exílio e contava com autores como Klaus Mann, os irmãos Heinrich e Thomas Mann, Anna Seghers, Arnold Zweig e Lion Feuchtwanger. A editora publicava a revista *Die Sammlung*, a mais importante para autores e autoras de língua alemã emigrados, tendo Klaus Mann como editor. Com a invasão alemã e o editorial comprometido, Fritz Landshoff permaneceu em Londres, onde por acaso já estava.

Mesmo lá, o recomeço após 1945 era difícil, afinal nem se cogitavam publicações em língua alemã. Werner Cahn trabalhou em 1945 como revisor para a editora principal, a Querido, e para a Primeira Enciclopédia Neerlandesa, sob a coordenação do historiador Jan Romein. Eles eram amigos e colegas. Cahn, Romein e a esposa de Romein, Annie Romein-Verschoor, trabalhavam para a revista de esquerda *De Nieuwe Stem* [A Nova Voz]. No começo de 1946, Cahn mostrou sua cópia do Manuscrito Datilografado 2 a Annie Romein-Verschoor, que também reagiu positivamente à leitura e tentou, por sua vez, encontrar uma editora para o diário, entre elas a editora Querido, que, como podemos supor, Werner Cahn provavelmente já teria sondado previamente. Porém, lá o "interesse por tudo que fosse relativo à

O PROCESSO DE SURGIMENTO DO DIÁRIO   43

guerra parecia estar completamente acabado" — relembra mais tarde Annie Romein-Verschoor. O diário foi recusado não apenas pela Querido, mas também pela renomada editora J. M. Meulenhoff e pela De Bezige Bij. O editor O. Noordenbos chegou a sugerir a publicação do diário à editora em que trabalhava, H. Meulenhoff (não confundir com J. M. Meulenhoff), mas a editora negou alegando como motivo o "caráter muito íntimo do diário e as confissões sexuais nele contidas".

Por fim, Jan Romein leu os escritos e publicou em 3 de abril de 1946 o artigo "Kinderstimme" [A voz de uma criança] no jornal *Het Parool*:

> Por uma coincidência, veio parar em minhas mãos um diário escrito durante os anos de guerra. O Instituto Real de Documentação de Guerra já possui cerca de duzentos diários como esse, porém muito me surpreenderia se um único deles tiver a mesma pureza, a mesma inteligência e a humanidade desse, que acabei lendo de uma só vez, esquecendo minhas várias obrigações por uma noite. Quando terminei, era madrugada, e fiquei surpreso ao ver que a luz ainda estava acesa, que o pão e o chá ainda estavam ali, surpreso por não ouvir o ronco de aviões e das botas de soldados ecoando nas ruas, tamanha tinha sido a intensidade da leitura que me remetera ao mundo irreal que, agora já há quase um ano, ficou para trás.

O diário foi escrito por uma menina judia que tinha 13 anos quando o começou, tendo em seguida que se esconder com seus pais e sua irmã mais velha. O diário termina por volta de dois anos mais tarde, num dia terrível em que a Gestapo descobriu a família. Um mês antes da libertação, ela morre em um dos piores campos de concentração alemães, ainda antes de seu aniversário de 16 anos.

Sobre a causa da morte, não quero entrar em detalhes. Porém, como pode se temer, terá provavelmente sido similar àquelas descritas em tantos testemunhos dos campos de concentração, como os da brochura, publicada recentemente, *Tussen leven en dood in Auschwitz* [Entre a vida e a morte em Auschwitz], ainda que se trate de um outro campo de concentração.

O primeiro artigo sobre o diário de Anne Frank já traz um direcionamento político que acompanha sua leitura: o esclarecimento político por meio da luta contra o "fascismo", como Jan Romein o nomeia segundo a acepção de 1946:

Para mim, entretanto, nesse diário aparentemente desimportante de uma criança, nesse balbucio de uma voz infantil, está encarnada *de profundis* toda a abominação do fascismo mais do que em todos os atos dos processos de guerra de Nuremberg juntos. Para mim, o destino dessa menina judia é a síntese do maior crime cometido por

O PROCESSO DE SURGIMENTO DO DIÁRIO   45

uma mentalidade que merece ser desprezada por toda a eternidade. Pois o maior crime não é o extermínio da vida e da cultura em si — estas podem ser vítimas também de uma revolução cultural —, mas sim a obstrução das fontes dessa cultura, o extermínio de vida e talento em função de uma estúpida pulsão de morte.

Se tivesse sobrevivido, essa menina se tornaria, a menos que todos os indícios não se concretizassem, uma escritora talentosa. Dez anos após ter deixado a Alemanha, aos 4 anos de idade, para vir para os Países Baixos, ela já escrevia em um neerlandês de clareza invejável e demonstrava uma consciência das falhas da natureza humana — sem excluir a sua própria — tão aflorada que até mesmo em um adulto causaria espanto, que dirá em uma criança. Por outro lado, ela mostra igualmente as infinitas possibilidades da natureza humana que jazem no humor, na piedade, no amor, elementos que talvez nos devessem causar até mais espanto e frente aos quais, como frente a tudo que é extraordinário, ficaríamos estarrecidos se em suas palavras toda rejeição e aceitação não tivessem permanecido, ao mesmo tempo, tão genuinamente infantis.

Romein nasceu em 1893, em Roterdã, e foi nomeado professor titular da Universidade de Amsterdã em 1939. O historiador neerlandês e os pensadores que o norteavam tinham sido fortemente influenciados pelo pensamento marxista. Durante a ocupação alemã, ele colaborou ativamente com a resistência, tendo passado alguns meses na prisão como refém. Romein e sua mulher, Annie, tinham oferecido esconderijo a dois judeus perseguidos. Em 2011, o casal Romein-Verschoor foi honrado postumamente no Yad Vashem, o memorial oficial de mártires e vítimas do Holocausto em Jerusalém, com o título honorífico de "Justos entre as Nações".

É preciso que imaginemos o pano de fundo biográfico dessa personalidade política atribulada para compreendermos a forma como Romein encerra seu artigo sobre Anne Frank — com um apelo político inflamado:

> O fato de que essa menina pôde ser levada e assassinada é para mim a prova de que perdemos a luta contra a bestialidade no ser humano. E perdemos porque não contrapusemos nada de positivo a essa bestialidade. E a perderemos outras vezes, não importa a forma como a desumanidade venha a nos ameaçar, caso nos mostremos incapazes de a confrontar posteriormente com algo positivo. O juramento de jamais esquecermos ou perdoarmos não basta. Tampouco bastará manter esse juramento. Proteção passiva e negativa é muito pouco, é nada. A única salvação será uma democracia "totalitária", ativa e positiva, no sentido político, social, econômico e cultural: a construção de uma sociedade na qual o talento, onde quer que ele surja, não seja mais

O PROCESSO DE SURGIMENTO DO DIÁRIO 47

exterminado, reprimido e rechaçado, mas sim descoberto, desenvolvido e fomentado. E dessa democracia estamos, com todas as nossas boas intenções, tão distantes quanto da guerra.

A primeira vez que o diário de Anne Frank foi percebido pela imprensa traz uma conotação política. Jan Romein associa sua interpretação da obra com o conceito de democracia "totalitária", o que não significa a confusão da democracia com seu oposto, mas sim fundamentá-la enquanto princípio totalmente abrangente.

ONDERGEDOKEN, NA CLANDESTINIDADE

Após sua emigração em 1933, Otto Frank e sua mulher, Edith, tiveram contato com um círculo de judeus de origem alemã majoritariamente de esquerda que havia se formado em Amsterdã após 1933. Supostamente eram mais contatos do que amizades. Nascido em 1889, Otto era mais velho do que os outros no círculo e se diferenciava deles tanto por sua formação quanto por sua profissão de comerciante. Em uma entrevista, mais tarde, ele afirma que se sentia "bastante alemão". Sua mulher, Edith Holländer, nascida em 1900, vinha de uma família abastada de judeus fervorosos da cidade de Aachen. Ela provavelmente também não se sentia muito à vontade nesse círculo.

Os membros desse grupo desconexo, porém conectado pela emigração de sua terra natal e sobretudo pela posterior ocupação e perseguição alemãs, diferenciavam — de forma até mais clara que a sociedade neerlandesa como um todo — o período anterior e o imediatamente posterior à guerra. Werner Cahn e Jan Romein tinham sobrevivido com dificuldade à guerra, tendo sido perseguidos, encarcerados, deportados para campos de concentração ou *"ondergedoken"* — uma designação que sempre reaparece nesse contexto, caracterizando um destino que as primeiras pessoas que leram os relatos de Anne Frank partilhavam com ela: elas tinham se escondido. Partilhavam da mesma experiência, dos mesmos medos e esperanças. Cerca de 25 mil pessoas judias nos Países Baixos tinham conseguido se esconder, a maior parte delas em Amsterdã. Aproximadamente 8 mil delas foram descobertas, presas e deportadas. Uma minoria retornou com vida. O governo neerlandês no exílio contava com a repatriação de um total de 600 mil cidadãos neerlandeses, sendo 70 mil judias e judeus. "Dos 150 mil judeus deste país não restarão mais do que 20 mil", escreveu Otto Frank em 1945 à sua família na Suíça. E seu prognóstico pessimista estava próximo da realidade: apenas 5.500 judias e judeus retornaram dos campos de concentração. Cerca de 18 mil sobreviveram entrando para a clandestinidade; ou seja, se escondendo.

No verão de 1945, Otto Frank, de volta a Amsterdã, estava cercado de ex-clandestinos. Eles liam os relatos de sua filha

O PROCESSO DE SURGIMENTO DO DIÁRIO   49

de uma perspectiva diferente da de pessoas externas, pois tinham sido afetados diretamente e de forma mais severa pela clandestinidade e ainda traziam essa realidade na memória. Os primeiros leitores do diário o liam de forma realista.

"Anne Frank se escondeu clandestinamente [*ondergedoken*] com seus pais e sua irmã de junho de 1942 até agosto de 1944. Ela escreveu o diário que ganhou de presente por seu aniversário de 13 anos e a quem chamou de Kitty [*sic!*] até seus 15 anos, quando foi presa e deportada com sua família. Por um acaso do destino, a obra não se perdeu" — era o prefácio que introduzia a primeira edição dos cinco excertos do diário de Anne Frank publicados em junho de 1946 com o título "Fragmenten uit het dagboek" [Fragmentos do diário] na revista *De Nieuwe Stem*, onde trabalhavam Werner Cahn e o casal Romein.

O primeiro excerto data de sábado, 11 de julho de 1942: "Querida Kitty, o papai, a mamãe e Margot ainda não se acostumaram com as badaladas no campanário da Westertoren, que informam a hora a cada quinze minutos. Já eu logo passei a achar aquilo bastante agradável, principalmente à noite, quando tinha um toque de familiaridade." O segundo excerto, de 10 de agosto de 1943, trata da "obrigação do dia na comunidade: descascar batatas!" e do cotidiano no esconderijo; o terceiro, de sábado, 12 de fevereiro de 1944, fala de um desejo que Anne confia a Kitty: "Acho que sinto em mim a primavera, sinto-a despertar, no corpo e na alma. Preciso me segurar para agir com normalidade, estou totalmente confusa, não sei o que ler, o que escrever, o que fazer; só sei que anseio...". Em seguida, há dois excertos que tratam de Anne e Peter. Uma escolha que une realismo e sentimentalidade.

EDITORA CONTACT

Pouco após a publicação do artigo de Jan Romein na edição de abril de *Het Parool*, surgiu o interesse na publicação do diário em sua totalidade. Em 1º de agosto de 1946, a editora Contact já havia assinado com Otto Frank o contrato da publicação de *Het Achterhuis. Dagboek van Juni 1942 – Augustus 1944* [O Anexo: diário de junho de 1942 a agosto de 1944], com a mediação de Werner Cahn. Otto Frank relutou em assiná-lo. Era a primeira oferta editorial que ele tinha recebido, de uma editora de pequeno porte ao lado de muitas outras pequenas casas editoriais em Amsterdã. A Contact Uitgeverij tinha sido fundada em 1933, com foco em livros de não ficção, e até poucos anos antes existira como editora autônoma. O editor naquele tempo, Gillis Pieter de Neve, tinha sugerido uma tiragem de 5 mil exemplares — alta para os padrões da época. Mas para Otto Frank esse número era baixo demais, ponto em que Otto acabaria tendo razão a longo prazo. Ele manteve para si os direitos de publicação alemães, ingleses e franceses, e essa também foi uma decisão antecipatória muito sensata no sentido de estabelecer o

O PROCESSO DE SURGIMENTO DO DIÁRIO 51

diário de formas diferentes em diferentes mercados, porém com uma mesma intenção.

No outono de 1946, a editora Contact revisou o diário e sugeriu alguns cortes; Otto Frank se colocou de acordo com a maior parte das sugestões. O diário foi publicado em uma série especial da Contact chamada *Proloog-Reeks*, destinada ao público juvenil e em formato menor. Otto Frank pediu que fosse feita uma edição em formato maior, com capa de linho. Com isso, a editora lançou os primeiros 3 mil exemplares no formato de série e o restante no formato maior, com capa de linho. *Het Achterhuis* [O Anexo] foi lançado em junho de 1947 e vendeu muito melhor que o esperado; no outono de 1948, já estava sendo preparada uma quarta edição e o número de exemplares vendidos chegava a 20 mil cópias. Quaisquer dúvidas que restassem tinham sido apagadas pelas vendas já da primeira edição. Entre 1947 e 1948, elas já eram impressionantes.

No mercado editorial neerlandês eram lançadas naquela época versões de histórias bíblicas, dos evangelhos, livros inspiradores e religiosos. O mais importante lançamento literário do ano se deu em novembro: *De avonden* [As noites], de Gerard Reve, sobre os dias e as noites do final de dezembro vividos pelo jovem de 23 anos Frits van Egters, em Amsterdã. Os dez capítulos representam dez noites de inverno passadas com medo, solidão, desorientação. O livro se tornou um dos romances neerlandeses mais importantes do período do pós-guerra.

O diário de Anne Frank vislumbrou a luz do dia em 1947 como um texto simples, sem interrupções, com uma introdução curta. Entretanto, ele não continuou simples, como podemos constatar vendo as edições atuais.

IMPRESSUM

O objetivo da "*Staatsuitgeverij*" — "edição estatal" neerlandesa das versões do diário de Anne Frank em 1986 — era apresentar a concomitância das versões *a* e *b*, assim como as adaptações de Otto Frank na versão *c*. A edição foi lançada pela editora Bert Bakker, sucessora da editora Contact. A Anne Frank Fonds da Basileia e seu presidente, Vicent Frank-Steiner, tinham decidido publicar o texto integral. Otto Frank tinha sido contra essa decisão até o momento de sua morte.

Dois anos mais tarde, a "edição nacional" foi lançada em alemão pela editora S. Fischer. Otto, falecido em 1980, tinha doado as anotações do diário de sua filha, escritas à mão, ao RIOD de Amsterdã, para que eles as guardassem de forma segura.

Nesse caso, o *impressum*,[9] que leitores comuns quase nunca levam em consideração, assume especial importância.

---

9 Nas publicações alemãs, trata-se da página onde se encontram informações obrigatórias legais e editoriais, similar à página de créditos com ficha catalográfica das edições brasileiras. [*N. da E.*]

O PROCESSO DE SURGIMENTO DO DIÁRIO 53

Ele reflete a história da recepção do diário da perspectiva autoral e a retraça da forma mais sucinta possível: de modo mais preciso, em uma referência à língua original da obra, são *De Dagboeken van Anne Frank*, ou seja, *Os diários de Anne Frank*, que em geral conhecemos, entretanto, apenas no singular. São *os diários*, significando tratar-se de diferentes formas textuais: um diário, dois cadernos e folhas avulsas. Essa mudança no título já porta uma correção de peso. Desde o início, o diário de Anne Frank esteve circundado por um singular questionável.

Os direitos autorais "para todos os textos de Anne Frank", assim como fotos e fac-símiles, pertencem à Anne Frank Fonds, na Basileia, fundada em 1963, que administra até hoje, como herdeira universal, os direitos — autorais, pessoais, a herança, os fundos e as licenças de publicação. O *impressum* traz a data e o lugar de publicação: a "edição completa, crítica e comentada" é lançada em 1986, em Amsterdã, a cidade onde os textos de Anne Frank são guardados pelo RIOD e onde se encontra a Casa de Anne Frank, na rua Prinsengracht.

Os direitos autorais da edição alemã do diário, com tradução de Anneliese Schütz, estavam até 1986 com a editora Lambert Schneider, seguindo a antiga edição de 1950.

O prefácio, a introdução, comentários e observações ficaram sob a responsabilidade do Rijksinstituut, o Instituto Real de Amsterdã (RIOD, atualmente NIOD). Os direitos de estudo filológico e histórico continuam sob a tutela de um instituto governamental, fato bastante inusitado na história editorial — embora não seja inédito o fato de um Estado assumir a tutela de uma obra popular, de venda livre. Uma situação similar se deu com um livro na história do século XX, porém com um auspício inverso: *Mein Kampf* [Minha luta], de Adolf Hitler. Trata-se de um dos livros de maior tiragem do século XX. Não dispomos de números exatos de vendas pelo fato de exemplares gratuitos terem sido distribuídos ao povo. Uma coisa é certa: o manifesto de perseguição e extermínio de milhões de vidas rendeu em royalties uma fortuna milionária ao autor. O livro não pôde mais ser comercializado após 1945. As receitas de vendas foram destinadas, assim como toda a fortuna de seu autor, ao estado da Baviera, na Alemanha; a residência principal de Hitler estava registrada em Munique. Após a expiração dos direitos autorais em 2015, o Instituto de História Contemporânea de Munique elaborou uma edição crítica comentada que pode ser comercializada e, dessa forma, chegou à lista de livros mais vendidos.

"REFERÊNCIA MUNDIAL"

O diário de Anne Frank tem uma história complicada devido ao contexto de seu surgimento. A edição de 1986 — com seus prefácios, aparatos, apêndices e a tripartição de *a*, *b* e *c* — representa bem essa complexidade. Ela foi mais uma amostra de crítica textual do que uma edição histórica crítica. Nela,

O PROCESSO DE SURGIMENTO DO DIÁRIO 55

recursos filológicos foram utilizados com fins históricos. O motivo é que, logo após o lançamento da edição alemã de 1950, negacionistas do Holocausto, numerosos naquela época, questionaram a autenticidade do diário e a autoria de Anne, afirmando que o livro seria um embuste do pai. E não se tratava de opiniões isoladas. A suspeita, como veremos, ia muito além. E foi desmentida. O papel, a cola dos cadernos e os materiais de escrita passaram por exames técnicos criminalísticos, a grafia da escrita foi submetida a uma severa análise grafológica para comprovar a veracidade do diário. Todas essas provas de autenticidade foram incluídas na extensa edição crítica.

A complexidade editorial do diário exigia uma edição simples, e que ao mesmo tempo teria de incorporar o padrão editorial adquirido. Vincent Frank-Steiner, na época presidente da Anne Frank Fonds, porém sem relação de parentesco com a família, reconheceu em 1986 a necessidade de uma edição simples e delegou a Mirjam[10] Pressler a tarefa da elaboração de uma nova versão. Surgia assim a versão *d*. A tradutora lançou mão da versão *c*, de Otto Frank, fazendo adaptações fundamentais e cuidando para que houvesse um mínimo de omissão de trechos das versões *a* e *b*, traduzidas por ela para o alemão no contexto da edição crítica. Assim nasce uma nova tradução do diário, como texto contínuo,

---

10 Em alemão, a letra J soa como o I em português, portanto o nome deve ser pronunciado como "Míriam". [*N. do T.*]

coerente, que incorpora sua gênese e faz jus à complexidade e dificuldade da obra.

Mirjam Pressler, filha de judeus nascida em 1940 em Darmstadt, Alemanha, era ela própria autora de livros infantis e traduziu diversas obras do neerlandês e, sobretudo, do hebraico. Ela se dedicou intensamente à biografia de Anne Frank e escreveu mais tarde, junto a Gerti Elias, entre outras, *A história da família de Anne Frank*.

Em 31 de março de 1990, Mirjam Pressler escreve a Vincent Frank-Steiner:

> Terminei. E estou bem satisfeita. Passei um tempo longuíssimo lutando com algumas passagens, vendo apenas detalhes, comparando etc. Mas aí, quando li o manuscrito por inteiro, fiquei bem feliz. Que autora inteligente, autocrítica e irônica foi Anne Frank!
>
> Não acrescentei uma frase sequer, me ative o máximo possível ao original. Meu trabalho foi principalmente encurtar frases, realocar partes de sentenças onde isso ajudava a legibilidade e criar parágrafos. Fiz apenas o que qualquer revisor teria feito junto a Anne Frank se ela ainda estivesse viva e considero isso legítimo.

Mirjam Pressler também explica seu procedimento na tradução em relação aos nomes de pessoas reais, explicações históricas e muito mais. A edição de 1991 do diário cresceu em aproximadamente um quarto de seu tamanho em relação

O PROCESSO DE SURGIMENTO DO DIÁRIO   57

à edição anterior. Assim surgiu a versão *d*, "a edição de referência mundial" autorizada pela Anne Frank Fonds. Diz-se "mundial" porque edições em outras línguas devem tomá-la como referência, ainda que partindo do original em neerlandês. Em 2013, as versões *a* e *b* foram reimpressas separadamente na edição da obra completa de Anne Frank.

Hoje, graças à versão *d*, podemos distinguir de forma relativamente exata as outras três versões do diário, *a*, *b* e *c*. O que ainda não se entendeu completamente é o próprio processo de transformação, independentemente de achados maiores ou menores de partes modificadas.

Aos 13 anos, Anne escreve na versão *a*: "Estou aqui na minha, mas essa mulher sempre chega nos momentos mais íntimos. Perdi toda a vontade, tchau, Kit, lembranças minhas a todos, a sua Anne." Similarmente, temos uma carta de Anne à "querida Conny", Kitty, a interlocutora inventada e a segunda personagem principal do diário:

> Como vão você e a sua professora, coitadinha de você tão solitária, mas ouça só uma ótima perspectiva, você pode vir ficar aqui em casa, eu passei uma manhã inteira com a sua mãe e ela concorda, espero que essa distração lhe agrade, venha assim que puder. Hoje eu tive por assim dizer uma "discussão" com a mamãe, mas o chato é que eu logo desato a chorar, não consigo me controlar, o papai é sempre um amor comigo e ele me entende bem melhor. Ai, nessas horas eu não consigo suportar

a minha mãe, e eu também sou para ela uma estranha, porque, sabe, ela não tem ideia do que eu penso sobre as coisas mais comuns. Estávamos falando de empregadas, que deve se contratar "ajuda doméstica", o que com certeza vai ser exigido após a guerra, mas eu não conseguia imaginar muito como seria e ela disse então que eu falo demais sobre "depois", e que eu, como o Peter, me dou ares de uma grande dama, mas isso não tem nada de verdade, e eu bem que posso de vez em quando construir castelos no ar, isso não é tão ruim assim, não precisa ser levado tão a sério. O papai pelo menos me defende, sem ele eu não aguentaria tudo isto.

Anne Frank modifica essa primeira versão — mais precisamente dois elementos nela — em uma folha avulsa:

Querida Kitty,

Hoje tive a enésima discussão com a mamãe dos últimos tempos, infelizmente as coisas não vão bem entre nós, e com a Margot também não me dou às mil maravilhas. Apesar de não haver aqui explosões de ira como lá em cima, na maioria das vezes paira no ar algo de desagradável. As índoles da Margot e da mamãe me são estranhas. Eu entendo melhor as minhas amigas que a minha própria mãe. Não é uma pena?

Frequentemente falamos sobre os problemas que podem surgir depois da guerra, por exemplo, que não

O PROCESSO DE SURGIMENTO DO DIÁRIO 59

devemos nos referir pejorativamente aos empregados, e não achei isso tão ruim quanto a distinção entre senhora e senhorita em relação a mulheres casadas.

No primeiro excerto, o da versão original (*a*), os acontecimentos estão mais recentes, a forma de expressão é mais emocional e íntima no relato por carta, que fica faltando aqui. O segundo texto de Anne (versão *b*) amplia, exatamente por meio da concisão, a perspectiva em relação ao primeiro, passando da vivência imediata para a narração mediada. A terceira versão (*c*), por sua vez, reproduz quase integralmente a segunda versão com a diferença de que os "problemas que podem surgir depois da guerra" se encontram apenas na versão neerlandesa, *Het Achterhuis* [O Anexo], mas não na edição alemã. A versão elaborada por Mirjam Pressler constitui uma síntese completa e narrativa de *a*, *b* e *c*:

> Querida Kitty,
> Hoje eu tive uma suposta "discussão" com a mamãe. Mas o pior é que eu logo começo a chorar, não consigo evitar. O papai é *sempre* um amor comigo, ele também me entende melhor. Pois é, nessas horas é que eu não suporto a mamãe, dá logo para ver que eu sou uma estranha para ela, que ela não sabe nem como eu penso sobre as coisas mais simples.

Estávamos falando de empregadas domésticas e de como deveriam ser chamadas de "auxiliares domésticas", o que, principalmente depois que a guerra acabar, com certeza vai ser obrigatório.

Eu achava isso pouco provável de imediato, e foi então que ela disse que para mim tudo é "depois" e que eu me dou um ar de madame, mas nada disso é verdade; além do mais, eu também tenho o direito de construir meus castelos de areia no ar, não há nada de errado nisso, e ninguém precisa me levar tão a sério. Ainda bem que o papai me defende, sem ele eu não suportaria estar aqui.

A tradutora une as partes divergentes da primeira versão em um texto coerente levando em consideração as correções ou modificações de Anne na versão *b*. Nesse exemplo, ela consegue apreender a intenção da jovem autora. Com isso revela-se uma imensa segurança na forma de expressão e uma avaliação precisa das notícias do rádio, mas também de desdobramentos históricos mais abrangentes — como em relação a trabalhadores domésticos que mais tarde seriam nomeados diferentemente para se evitar estigmatizá-los por conta de sua proveniência de classes mais pobres. Após as experiências de perseguição, tais aspectos seriam considerados com mais cuidado, buscando evitar a humilhação das pessoas. Anne Frank aborda previsões do "mais tarde" que ela mesma não vivenciou, mas conseguiu antecipar.

O PROCESSO DE SURGIMENTO DO DIÁRIO 61

Mirjam Pressler executou com maestria tripla a tarefa delegada: como tradutora, como editora e autora de seus próprios livros. E como colega. Sobre os nomes dos habitantes do esconderijo anexo ela escreve: "Um nome me incomoda bastante, 'Gusti'. O nome real da sra. van Pels seria muito mais adequado, mais normal." No fim, ela acabou sendo chamada de "madame".

TEXTOS LITERÁRIOS

Os textos literários de Anne Frank levaram algum tempo para serem percebidos e considerados como mais do que um simples adendo ao diário. A autora, entretanto, dá um caráter literário a suas anotações ao contar algumas passagens como fábulas. Por um lado, elas se destacam da crônica ininterrupta, mas, por outro, remetem de volta a ela. As "histórias do Anexo", como Anne Frank intitula suas obras literárias, retratam os acontecimentos no esconderijo. A própria separação de dois gêneros nesse caso já significa uma intervenção editorial. Quando as duas formas foram separadas e publicadas como segundo livro, intitulado *Geschichten aus dem Hinterhaus* [Histórias do Anexo], ignorou-se a parte literária, considerando-a não pertencente ao todo.

No dia 9 de maio de 1944, Anne Frank escreveu em seu diário: "O conto sobre a fada Ellen está pronto. Eu o copiei para um fino papel de carta, enfeitado com tinta vermelha e costurado. Ficou bonito, mas não sei se é pouco." A história seria um presente de aniversário para o pai.

Ellen é uma fada diferente de suas irmãs do reino das fadas, que ajudam aqui e ali. A missão de Ellen é tornar o mundo e as pessoas felizes. Seus pais tinham morrido quando ainda era muito pequena, mas, visto que lhe haviam deixado uma fortuna, Ellen podia realizar muitos desejos. Certo dia ela pegou uma cesta com dinheiro e passou pelos chalés da vizinhança. Na primeira casa, ajudou as pessoas com um maço de dinheiro; na segunda, percebeu que dinheiro não solucionaria o problema, porque a tristeza ali era de outra natureza. Ellen deu um conselho à moradora infeliz: "Certa manhã bonita e tranquila, passeie por aquele bosque grande, sabe, aquele que termina onde começa a grande charneca. Pois muito bem, depois de andar um trecho pela charneca, se sente no chão e não faça nada. Só olhe para o céu e as árvores, que vai lhe vir uma tranquilidade enorme e, de repente, nenhuma dificuldade vai lhe parecer mais irremediável." Dito isso, Ellen partiu, com sua cestinha com dinheiro na mão, distribuindo-o ou ajudando com um conselho, sempre sabendo exatamente como dar auxílio. "Todas essas visitas rendiam à Ellen muitos amigos e amigas — não fadas e duendes, mas filhos de humanos." Aos poucos o dinheiro de Ellen ia se acabando; porém ela continuava a distribuir, agora não mais dinheiro, mas bons conselhos e palavras afetuosas. A história termina assim:

O PROCESSO DE SURGIMENTO DO DIÁRIO   63

Quando a Ellen morreu ao atingir uma idade avançada, se chorou mais do que nunca antes no mundo. Mas a alma de Ellen não havia morrido, porque voltava quando as pessoas dormiam e lhes inspirava belos sonhos de maneira a que ainda recebessem os conselhos da excepcional fadinha.

É uma história simples, com uma moral — como várias das histórias de Anne que só podem ser completamente compreendidas no contexto do diário. Muito similar à história "Riek", em que uma menina oferece seu pedaço de bolo de uma vitrine luxuosa de confeitaria a outra menina. Ela está segura de que conseguirá se saciar de alguma outra forma. É um tema muito antigo e recorrente em fábulas: abra mão de algo para ganhar.

Nas histórias e contos de Anne, o imaginário ganha espaço e suspende o tempo em um mundo sob ameaça. Surge assim um mundo oposto, no qual o bem prevalece facilmente e se torna o princípio condutor.

Mas o terror também aparece nas histórias, como em "Medo", história que faz parte de "Contos e acontecimentos do Anexo" e que trata de forma instigante o medo dos enclausurados e ameaçados:

Eram terríveis os tempos pelos quais eu estava passando. A guerra grassava ao nosso redor, e ninguém sabia se ainda estaria vivo dali a uma hora.

Os meus pais, irmãos, irmãs e eu morávamos na cidade, mas estávamos à espera de ordens para evacuar ou fugir. Os dias eram compostos de disparos e canhões; as noite, cheias de faíscas e estrépitos secretos que pareciam vir das profundidades.

Mesmo em face dessa ameaça, as personagens encontram uma saída, sonhada, porém poderosa, um caminho rumo à natureza, a gramados com dentes-de-leão e trevos sob o imenso céu. A menina aprisionada liberta sua criatividade rumo à imensidão, ao cosmos:

> Estando a sós com a natureza, me dei conta, sem dar pelo fato, de que o medo não ajuda e não serve para nada e que o melhor que têm a fazer todos os que sintam medo como eu havia sentido é procurar a natureza e ver que Deus está mais próximo de nós do que imaginamos.
>
> Desde então, apesar de todas as bombas caídas nas minhas imediações, nunca mais voltei a sentir aquele medo.

Encontramos em Anne Frank "O sábio gnomo" e "Blurry, o descobridor de mundos", assim como "Por quê?", "Quem é interessante?", e ainda "A vida de Cady". E encontramos no diário a "querida Kitty", uma genuína figura literária. Nas diferentes etapas da publicação do diário encontraremos novamente esse mundo da imaginação, o mundo oposto.

ANNE FRANK NA ALEMANHA

Quando *Het Achterhuis* [O Anexo], o diário de Anne Frank, foi publicado em Amsterdã, nos Países Baixos, ainda se encontrava quase completamente destruída pela guerra a cidade de Hamburgo, na Alemanha. Crateras de bombas e ruínas compunham a paisagem até onde a vista alcançava. Quarteirões inteiros da cidade hanseática, como Veddel ou Rothenburgsort, tinham sido nivelados ao chão. Após a tempestade de fogo do ataque aéreo "Gomorra", quatro anos antes, os sobreviventes não tinham conseguido nem mesmo enterrar todos os mortos: simplesmente lançava-se cimento sobre as casas e abrigos destruídos com os cadáveres dentro. Era a ruína — como o título dado por Hans Erich Nossack a seu livro (*Der Untergang*) sobre o incêndio de 23 de julho de 1943 —, o declínio exterior de uma cidade, porém muito mais seu declínio interior.

Wolfgang Borchert, um autor originário de Hamburgo, retratou esse fim em uma única obra singular: *Do lado de fora da porta*, drama escrito em oito dias no final de 1946, ou, como Peter Rühmkorf alega, em janeiro de 1947, e que foi ao ar como radionovela da Nordwestdeutscher Rundfunk, a emissora do noroeste da Alemanha, em fevereiro de 1947, estreando em novembro do mesmo ano no Festival de Teatro de Câmara de Hamburgo, o Hamburger Kammerspiele. "Uma peça que nenhum teatro quer encenar e público algum quer assistir" foi o subtítulo, ou antes, o mote que Wolfgang Borchert deu à obra. Uma de suas primeiras leitoras foi Ida Ehre, fundadora e diretora do festival. Após ouvir a peça pelo rádio, ela foi imediatamente ao leito do convalescente de guerra Borchert — que, com apenas 26 anos, já tinha sido muitas vezes prisioneiro militar por "subversão da moral" —, na casa dos pais dele em Alsterdorf, no norte da cidade, e garantiu os direitos para a estreia de sua obra. Ida era uma geração mais velha, nascida em 1900 na Morávia, a parte oriental da República Tcheca, de uma família judia. Ela sobreviveu à perseguição e ao extermínio, protegida precariamente pelo casamento com um médico não judeu para o qual a atriz trabalhou como secretária. *Do lado de fora da porta* estreou no dia 21 de novembro de 1947 no Festival de Teatro de Câmara de Hamburgo sob a direção de Wolfgang Liebeneiner e "com autorização do governo militar". No início da primeira apresentação, Ida Ehre subiu ao palco para informar ao público que o autor Wolfgang Borchert havia falecido na noite anterior no hospital Sta. Clara na Basileia, Suíça. "O público ficou de pé.

ANNE FRANK NA ALEMANHA

Fizemos alguns minutos de silêncio antes de começar com a apresentação", relembra Ida muitos anos mais tarde. "A comoção era tão grande que em um primeiro momento não se aplaudiu. Não sei se era a comoção pela morte de Borchert ou pela peça em si, tão impressionante. Em todo caso, o silêncio pairou no ar por muito tempo... até que um estrondoso aplauso irrompeu."

"Somos a geração sem vínculo e sem profundidade. Nossa profundidade é o abismo" — essa citação se encontra hoje em uma placa memorial no lago Außenalster, mas os pedestres e corredores mal a percebem ao passar por ela; poucos param para ler. *Do lado de fora da porta* é o drama dos avós e bisavós de quem passa por ali, dos soldados que voltavam para seus lares, caso ainda encontrassem uma casa para a qual retornar, dos bombardeados, feridos, expulsos, dos agressores e agressoras desmoralizados, sem noção de suas ações, sem resposta para as perguntas que surgiram. "Um homem volta para a Alemanha", diz a abertura que acompanha a encenação:

Ele esteve muito tempo fora, esse homem. Muito tempo. Tempo demais, talvez. E ele retorna muito diferente do que quando se foi. Externamente, ele é um parente próximo de um espantalho colocado nos campos para afastar os pássaros (e, por vezes, pessoas durante a noite). Internamente também. Ele esperou lá fora no frio. E como taxa de admissão, teve de dar a rótula do joelho.

E depois de esperar mil noites lá fora, no frio, ele finalmente retorna para casa.

Um homem volta para a Alemanha.

É a história de Beckmann, "um daqueles" que retornam para casa, de sua esposa, "que o esqueceu", do diretor do cabaré, da sra. Kramer, do homem velho, do "funcionário funerário com soluço", de um varredor de rua "que na verdade não é varredor nenhum" e do rio Elba, capaz de falar. As pessoas apresentadas no início formam a geração do abismo, decepcionados, céticos, com sequelas físicas e mentais, morais e éticas, ocos em todos os aspectos. Beckmann tenta acabar com sua vida pulando no rio Elba. Mas o rio o rejeita. Ele emerge das águas, nada até a beira do rio para se salvar e vagueia pela cidade que fora seu lar e agora não é nem nunca mais será.

Mais tarde, a crítica interpretou a peça como sobrecarregada de alegorias, de um expressionismo tardio, como unidimensional na representação da vítima, como uma condescendência dos agressores entre si, deixando o destino dos outros do lado de fora da porta do teatro. Jan Philipp Reemtsma exemplificou esse argumento. Pode-se dizer que é uma peça vinculada a seu tempo, tanto em seus acertos como em seus erros, e que um aspecto está necessariamente relacionado ao outro. Para o século XX, tão rico em inovações e experimentos dramáticos, ela oferece uma inovação sem precedentes: um apelo dramático radical e impiedoso

— aspecto por meio do qual ela faz uma ponte sobre o rio Elba até o diário de Anne Frank.

Ambas as obras foram lançadas no mesmo ano, em 1947, e mais tarde tiveram vendas expressivas, foram traduzidas em outras línguas e encenadas centenas de vezes. Mas a relação entre elas vai muito além, de um modo especial.

A REVISTA *AKADEMISCHE*

O Festival de Teatro de Câmara de Hamburgo acontece no Grindel, um antigo quarteirão judaico da cidade. Até hoje a estreia da peça de Wolfgang Borchert marca o roteiro do "Teatro da humanidade", situado bem próximo à Universidade de Hamburgo. Em 6 de junho de 1946, o governo militar britânico concedeu a primeira licença de publicação estudantil para a *Hamburger Akademische Rundschau* [Revista Acadêmica de Hamburgo]. Ela foi fundada e registrada por Karl Ludwig Schneider, um estudante de Germanística de 26 anos, natural de Hamburgo. Ele tinha pertencido ao grupo local do movimento "Rosa Branca", o círculo de estudantes ligados aos irmãos Sophie e Hans Scholl, a Christoph Probst e ao docente universitário Kurt Huber em Munique, que, no inverno de 1943, espalharam panfletos convocando à resistência contra o nazismo. Em Hamburgo, pessoas com ideias parecidas se encontravam. Depois que a maior parte dos integrantes da Rosa Branca foram presos em fevereiro de 1943 e logo depois executados, Karl Ludwig Schneider foi mandado primeiramente para uma prisão, depois para um campo de concentração do qual foi liberado duas semanas antes do fim da guerra, pouco antes de julgado pelo tribunal popular, que inevitavelmente o teria condenado. Ele pertencia à mesma geração que Wolfgang Borchert, de quem era amigo.

Junto de seu amigo de infância Joachim Heitmann, da editora Hansischer Gildenverlag, que publicava a revista, chamada então apenas de *Akademische*, Karl Ludwig Schneider planejou fundar uma revista cujo conceito ele mais tarde descreveria da seguinte forma: "Tematização da herança sórdida do Terceiro Reich, reflexão sobre as tradições intelectuais reprimidas pelo fascismo e libertação do isolamento de vários anos por meio do restabelecimento de contatos científicos e culturais com o exterior."

Assim surgiu uma revista que alcançava não apenas o público estudantil e que pretendia, com seus temas e contribuições, esclarecer e informar. Käte Hamburger, também nascida em Hamburgo, contribuiu com a revista a partir de seu exílio na Suécia, Hans Jäger, de Londres, e outros autores enviavam contribuições de Zurique. Houve uma edição temática sobre Thomas Mann, por ocasião do bicentenário do nascimento de Goethe, com um discurso comemorativo de José Ortega y Gasset pedindo "um Goethe de dentro". Ele chama a "atmosfera da depressão", que encontrou em Hamburgo em agosto de 1949, pelo devido nome, situação "que inevitavelmente se instalou na Alemanha por conta das terríveis experiências dos anos anteriores", e comenta "a decepção dos alemães consigo mesmos", tentando insuflar-lhes coragem. Tratava-se do exaurimento do genocídio, que o convidado espanhol teve o cuidado de não tematizar diretamente em frente aos anfitriões alemães.

"O que é o fascismo?" foi um dos temas da revista, outro foi "Frederico, o Grande, e a posteridade", assim como fundamentos da filosofia existencial, a prosa de Ernst Jünger e Thomas Mann segundo o conceito da "emigração interna", além de um tema que a *Akademische* pautou diversas vezes: o antissemitismo. A primeira edição do terceiro ano, 1948, abria com um artigo sobre "cristianismo e antissemitismo" que o filósofo Nikolai Berdiaev, de Kiev, havia escrito pouco antes de sua morte no exílio francês. Karl Ludwig Schneider redigiu uma introdução ao artigo: "Desde algum tempo recebemos notícias de um angustiante ressurgimento de correntes antissemitas em vários países. Portanto, não é coincidência que uma série de personalidades e revistas estrangeiras se posicionem mais uma vez em relação à 'eterna questão do judeu'." Berdiaev havia publicado seu último artigo na Suíça explorando uma única questão: quais são as consequências mais profundas do antissemitismo? De onde vêm os preconceitos que Berdiaev mais uma vez elenca — o racismo, a ideia de que judeus tivessem inventado tanto o socialismo quanto o capitalismo? O filósofo dá uma resposta à sua questão sobre as causas do antissemitismo baseada na história das religiões:

o cristianismo o teria insuflado ao longo dos séculos. O antissemitismo seria um dogma da fé.

A revista *Akademische* tematizou essa questão várias vezes. Otto Max Hahn escreveria na edição seguinte sobre o "judeu" como conceito mágico, ou mais precisamente: a utilização mágica desse conceito. Eva G. Reichmann se dedicou ao antissemitismo como "ideologia da crise", enquanto Kurt Stechert abordou o nascimento do "antissemitismo racial". Exatamente nesse contexto é que Karl Ludwig Schneider descobriu o diário de Anne Frank, que acabara de ser publicado, e leu alguns excertos. Por fim, ele se apresentou a Otto Frank em 25 de abril de 1948 como responsável por uma editora em Hamburgo e editor de revista, por meio do endereço da organização "Apoio a livros da Suíça", uma empresa de inspiração sionista em Zurique.

> Tenho certeza de que posso convencer um editor em Hamburgo a publicar esses relatos e quero ressaltar que, se me disponho a fazer essa intermediação, os motivos que me movem, enquanto ex-prisioneiro de campo de concentração, são antes humanos que financeiros.

Só que exatamente isso se mostrou uma dificuldade. Nem o editor Rowohlt nem uma das outras editoras de Hamburgo contatadas se interessaram pela publicação. Ora eram razões econômicas que se contrapunham a uma publicação, ora o racionamento de papel ou mesmo questionamentos a respeito do conteúdo.

ANNE FRANK NA ALEMANHA

A editora Contact pediu ao jornalista neerlandês e autor Nico Rost, que tinha viajado para a zona de ocupação soviética, que intermediasse a comunicação com uma editora alemã. Rost recebeu em julho de 1949, no hotel Adlon, uma carta da cidade de Weimar:

> Fico muito, muito constrangido, mas o diário da menina judia alemã que o senhor cordialmente enviou não me parece adequado para a editora Kiepenheuer, que sempre teve o compromisso de apenas publicar livros de alto nível literário. Se o livro fez tanto sucesso na Holanda, então a situação lá deve ser bem outra. Estou convencido de que aqui ele teria até um efeito nocivo, e isso seguramente nenhum de nós deseja. Além disso, já temos o plano de publicar o livro de uma cuidadora prisional, escrito de forma muito tocante e profunda. O conselho não aprovaria dois livros com a mesma temática...

Essa história editorial é marcada por várias recusas constrangedoras; essa o é especialmente por tanta autoindulgência em relação a um alto nível de qualidade da editora. A editora Volk und Welt seguiu o veredito da editora Kiepenheuer e acrescentou, desculpando-se:

> Vamos publicar uma novela da escritora Grete Weil, que durante a guerra viveu ilegalmente na Holanda e nesse período escreveu sua obra, *Am Ende der Welt (Dilettanten spielen Theater)* [No fim do mundo (amadores fazem

teatro)]. Queremos com isso apenas mostrar que não temos medo de abordar esse tema controverso; apenas não acreditamos que seu livro seja indicado para um grande público leitor aqui.

Karl Ludwig Schneider não desistiu. Em março de 1949, logo após se recuperar de uma doença causada pelo período na prisão, ele escreve a Amsterdã: "Estou publicando na revista da qual sou editor, a *Hamburger Akademische Rundschau*, uma série de artigos sobre antissemitismo e gostaria muito de incluir nesse contexto alguns trechos do manuscrito de sua filha." E o jovem redator anunciou que no dia seguinte, 8 de março de 1949, alguns trechos do diário seriam lidos "com alguns outros diários de judeus" na sessão noturna da emissora do noroeste da Alemanha (Nordwestdeutscher Rundfunk), na avenida Rothenbaumchaussee, próximo do festival de teatro de câmara (Kammerspiele).

Temos diante de nós um documento muito singelo e ao mesmo tempo comovente. O diário de uma menina judia de 13 anos. A Holanda estava ocupada. A perseguição aos judeus começara. Quem podia tentava ir para a clandestinidade, viver escondido com amigos. As páginas que temos diante de nós são desse período. A menina e sua família ficaram dois anos no esconderijo. Mais tarde foram descobertos por meio de uma denúncia anônima e detidos. A jovem judia morreu no esconderijo.

ANNE FRANK NA ALEMANHA 75

"A jovem judia" não havia morrido no esconderijo. Das 23 horas até a meia-noite a emissora Nordwestdeutscher Rundfunk transmitiu o programa "Sobre diários" e apresentou três excertos de Anne Frank do ano de 1942. Otto Frank perguntou a Karl Ludwig Schneider se havia algum anúncio sobre a emissão, já que ele guardava, em suas palavras, "tudo que consigo sobre o diário da minha filhinha". Não havia. Mas Schneider pôde reportar com detalhes o programa — "uma quantidade imensa de material foi apresentada, o que talvez até tenha sido ruim, menos teria sido melhor". Porém, a Nordwestdeutscher Rundfunk repetiu a emissão, e outras emissoras, a Rádio Bremen, a Südwestfunk, a Süddeutsche Rundfunk e a RIAS Berlim, também a transmitiram. Em Hamburgo, dois anos depois, foi apresentado um programa sobre "livros de mulheres e para mulheres", abordando Gertrud von LeFort e Carson McCullers, uma obra de Ferdinand Bruckner e o diário de Anne Frank. "Um 'livro feminino', como foi mencionado no início? Não, certamente não! E, mesmo assim, qualquer mulher que tenha medo de lê-lo deveria se envergonhar."

Hans-Joachim Lang, colega de Karl Ludwig Schneider em Hamburgo, escreveu uma contribuição para a emissora UKW-Frauenfunk sobre "a força de mulheres perseguidas", quatro mulheres "que, na prisão, em campos de concentração ou se escondendo dos algozes da ditadura, deram exemplos de provação humana", uma série de diálogos encenados com explicações históricas na qual também figuravam Anne Frank e seu pai.

76 THOMAS SPARR

A impressão dos excertos não foi possível porque a revista teve de encerrar suas atividades em janeiro de 1950. O projeto de uma revista intelectual, implementado de forma tão audaciosa e impressionante, fracassou devido a dificuldades financeiras que abundavam no período pós-guerra. Entretanto, em março de 1949, pela primeira vez, foram transmitidos trechos do diário que alcançaram ouvintes noturnos no norte da Alemanha e, pouco depois, também no oeste do país.

Um amigo de Otto Frank em Amsterdã, Ernst Denny Hirsch Ballin, tinha pedido a um antigo colega de escola em Frankfurt am Main que ajudasse a intermediar o manuscrito da "filhinha" dele. Werner Carstanjen, ora redator-chefe do jornal *Börsenblatt des Deutschen Buchhandels* [Jornal financeiro do mercado livreiro da Alemanha], escreveu a Otto Frank em março de 1949 dizendo serem "basicamente motivos econômicos" que obrigavam os editores alemães da época a uma "enorme contenção em relação a novos planos". Ele pessoalmente se via, "por conta de uma sobrecarga profissional, infelizmente impedido" de se "aprofundar em detalhes da tradução para o alemão" — em outras palavras: Carstanjen não leria o manuscrito que Otto Frank queria enviar a ele. Em vez disso, ele listou uma série de editoras alemãs. Nenhuma delas quis publicar o diário.

Havia, entretanto, outras opiniões em relação ao diário de Anne Frank, como a de Adolf Bergengruen, leitor da

ANNE FRANK NA ALEMANHA 77

editora Societätsverlag de Frankfurt am Main, que claramente teve dificuldades com o manuscrito. Ele escreveu a Otto Frank em 3 de fevereiro de 1950 dizendo acreditar que "esse 'diário de uma jovem', independentemente de seu valor como documento histórico, deve ser avaliado como um tipo especial de *documento da humanidade em geral*". Ele cogitou uma tradução, escreveu a respeito de uma possível edição, se mostrou um leitor atencioso e com muita sensibilidade e empatia: "Não poderia encerrar essa carta sem dizer-lhe, caro sr. Frank, que pessoalmente o diário de Anne me tocou muito — e expresso, por fim, meus sentimentos ao pai de Anne, cuja personalidade nos aproximou. Com os melhores votos de seu Ad. Bergengruen."

Cinco dias mais tarde, Otto Frank respondeu diretamente de Amsterdã da seguinte forma:

Querido sr. Bergengruen, se me permite dirigir-me assim não como demonstração de uma "intimidade abrupta", mas como expressão de um vínculo advindo de sua carta, escrita de modo tão pessoal e pleno de compreensão. Agradeço-lhe por suas palavras cordiais e pela simpatia. Sei que é necessário coragem para a publicação de *Achterhuis* em alemão, sei que a situação em geral não é favorável, ainda assim tenho confiança de que ela vá melhorar. Para mim, é sempre difícil viajar para a Alemanha, mas o faço porque conheço algumas pessoas queridas e sinceras lá a quem quero mostrar que, apesar de todas as experiências passadas, não "generalizo" e não quero botar tudo a perder. Precisamos acreditar em uma evolução e trabalhar nesse sentido — ter esperança.

Aos poucos e cuidadosamente, Otto Frank construiu conexões com a Alemanha: ele buscava uma editora que publicasse o diário de sua filha, porém procurava igualmente empatia, compreensão, uma aproximação cautelosa.

Karl Barth, o principal teólogo protestante de sua época, escreveu da Basileia em 3 de janeiro de 1949:

> Li o manuscrito "Na clandestinidade..." de Anne Frank e quero pontuar que segui não apenas com grande interesse psicológico, mas também com toda atenção por conta do realismo infantil e da mentalidade e postura genuínas da jovem autora, a existência, a forma e a habilidade que ali são mostradas. Não se trata de um livro de guerra, mas sim de um documento humano raro. Considero plausível que a obra seja traduzida para a língua alemã e ganhe publicidade.

Essas poucas frases e a conclusão apodítica de não se tratar de um livro de guerra, mas sim de um documento humano raro, apontavam para o futuro. É exatamente assim que o diário seria interpretado um dia, menos de forma histórica ou literária, e mais sob uma perspectiva humanista.

1950

Em janeiro de 1950, Otto Frank conheceu pessoalmente o editor Lambert Schneider, em Heidelberg, e entregou a ele o manuscrito. O editor reagiu com algum atraso, mas por fim os dois assinaram o contrato para a publicação do diário, que à época tinha sido intitulado em neerlandês *Ondergedoken...* [Na clandestinidade...].

Lambert Schneider, nascido no ano de 1900, fundara em 1925 sua editora em Berlim. O projeto mais conhecido e, de certa forma, mais ousado de seu catálogo era uma nova tradução do Antigo Testamento por Martin Buber e Franz Rosenzweig. Tinha sido preciso muita coragem para iniciarem a empreitada de uma tradução da Bíblia sem o apoio das igrejas, universidades ou academias, com uma convicção interna e perspectiva histórica, evitando uma ressignificação cristológica e retomando o original hebraico de forma direta. Após a morte prematura de Rosenzweig, a tradução foi finalizada por Martin Buber apenas em 1960. Os primeiros catálogos editoriais de Schneider eram fortemente influenciados por esses dois patronos intelectuais da época da fundação da editora. Assim, foram lançadas obras de Gustav Landauer, amigo íntimo de Buber, de Lev Shestov, assim como a revista judaico-cristã *Die Kreatur* [A criatura]. Schneider se associou à editora Schocken, fundada mais tarde, tornando-se seu produtor e gerente comercial. Quando, em 1938, a editora Schocken foi fechada após o pogrom de novembro de 1938,

THOMAS SPARR

Schneider assumiu suas publicações, demonstrando coragem não apenas empresarial, mas também política. A editora e seu estoque foram destruídos por bombardeios durante a guerra. Em 1945, o governo militar estadunidense levou Schneider para Heidelberg. Ele se tornou diretor da renomada editora universitária Carl Winter e recebeu permissão para abrir uma editora própria. Heidelberg marcou a fisionomia intelectual de sua editora. De 1945 a 1948 foram lançados a revista *Die Wandlung* [A transformação] e o periódico *Süddeutsche Juristen-Zeitung* [Periódico de juristas do sul da Alemanha]. Lambert Schneider buscava se vincular a tradições intelectuais da década de 1920, sobretudo a herança judaica alemã, à qual se filiou desde cedo. Ninguém mais possuía a sensibilidade, a habilidade, o conhecimento e a experiência que ele tinha. Com sua fama impecável de editor, a editora por ele fundada em Heidelberg não era uma editora popular, ainda precisava encontrar seu público.

Em 1950, quando *O diário de Anne Frank* foi lançado, a programação editorial era marcada basicamente por essa tradição e pela experiência do nazismo. O catálogo de livros disponíveis e em preparação trazia, ao lado desse lançamento, *Sechs Essays* [Seis ensaios], de Hannah Arendt, que mais tarde se tornou célebre como *Die verborgene Tradition* [A tradição oculta], *Gog und Magog*, de Martin Buber, *A questão da culpa*, de 1946, de Karl Jaspers, obras de Alexan-

ANNE FRANK NA ALEMANHA   81

der Mitscherlich, de Viktor von Weizsäcker (*Euthanasie und Massenmord* [Eutanásia e massacre]), um dos primeiros tratados sobre os crimes do nazismo, e obras canônicas de Platão, Blaise Pascal e outros. Na rubrica "Arte e Poesia", ao lado das fábulas de Hans Christian Andersen, havia poemas de Clemens Brentano e, logo após Theodor Fontane, *O diário de Anne Frank*. A ordem alfabética colocara os dois juntos.

Se ainda hoje percebemos o catálogo de Lambert Schneider como literatura de um nicho específico, naquela época essa percepção fora ainda mais forte. Por mais de doze anos, esse editor disponibilizou em língua alemã livros esquecidos ou caídos em ostracismo. É interessante observar o que mais o mercado editorial alemão tinha a oferecer em 1950. Pela editora Rowohlt foi lançado *Götter, Gräber und Gelehrte* [Deuses, túmulos e estudiosos], um "romance arqueológico" de C. W. Ceram que, na época e por muitos anos, foi um fenômeno de vendas. "De fragmentos e ruínas, impérios culturais perdidos ressurgem; de inscrições cuneiformes e hieróglifos, podemos ouvir línguas mortas." Um dos heróis do romance é Schliemann, e Troia redescoberta é um dos principais cenários. *A náusea*, de Jean-Paul Sartre, obra fundamental do existencialismo, foi publicada em tradução do francês. Havia histórias de viagens persas com o título *Das Tal der Mörder* [O vale dos assassinos] e *Donner aus China* [Trovão da China] ou uma pequena história do mundo — todos literatura de viagem sobre rincões geográficos e períodos históricos distantes. A segunda tendência que podemos apreender do mercado editorial daquela época é um ímpeto enciclopédico, um anseio por ordem e organização, conceito e perspectiva. Nessa categoria estão *Der Mensch in dieser Welt* [O ser humano neste mundo], de Hans Zehrer, *Anatomia da paz*, de Emery Reves, *Pax Futura*, um apelo por uma "democracia conservadora", de Willy Hellpach, as grandes correntes filosóficas da história, como se fosse necessário reaprender o básico. As editoras alemãs dos primeiros anos do pós-guerra mandavam seus leitores de volta para a escola. A obra-prima de Ernst Robert Curtius sobre a literatura europeia e a Idade Média latina foi lançada em 1948 na Suíça. Walter Boehlich escreveu sobre ela na revista *Akademische*. A maior parte dos livros daquela época representavam um apelo conjunto por moderação e equilíbrio nas observações e no julgamento. Isso também pode ser interpretado claramente como reação ao passado imediato nazista.

No verão de 1950, foi lançado o primeiro catálogo da editora que Peter Suhrkamp havia recentemente fundado trazendo *Infância berlinense: 1900*, de Walter Benjamin, *O jogo das contas de vidro*, de Hermann Hesse, e ensaios escolhidos de T. S. Elliot, uma seleção claramente literária dentro da qual foi incluído também um diário: o de Max Frisch, escrito de 1946 a 1949. O contraste com *O diário de Anne Frank* não poderia ser maior. Frisch escreve, enquanto jovem autor suíço em ascensão, sobre uma Alemanha ainda diretamente marcada pela guerra, pela qual ele viaja, formulando diversas perspectivas morais e sentenças durante

ANNE FRANK NA ALEMANHA

esse percurso. "Não farás para ti nenhuma imagem" é como são intituladas algumas breves frases sobre o amor, que estabelecem o princípio da proibição de representações imagéticas, frases ainda hoje citadas e muito conhecidas, como o questionário elaborado por Frisch ou sua advertência — característica de um arquiteto — de que se pode economizar em tudo, menos na moradia. Nas décadas seguintes, Max Frisch se torna um dos carros-chefe da editora Suhrkamp.

Na editora Christian Wegner, em Hamburgo, foi lançado no verão de 1950, algumas semanas antes de *O diário de Anne Frank*, o livro *Jugend unterm Schicksal* [Juventude sob o destino], que significava "a juventude sob a suástica", como foi nomeada uma publicação similar décadas mais tarde. "Relatos de vida de jovens alemães, 1946-1949", com o anúncio solene de um documento ímpar "de nosso tempo":

> O perfil da jovem geração da Segunda Guerra Mundial, tão frequentemente convocada, é documentado pela primeira vez. Os relatórios consistentemente factuais e majoritariamente cautelosos revelam um tipo de juventude que nunca tinha sido visto antes, nem mesmo entre os jovens da Primeira Guerra Mundial. O destino da maioria desses jovens é tão difícil e impiedoso como o de nenhuma outra geração foi. Sua essência teve de suportar a provação e provar assim o seu valor. E foi de fato o que se deu...

Esse "prefácio" é de autoria de Albrecht Goes, que mais tarde contribuiria para *O diário de Anne Frank*. Ele havia analisado a coletânea de vozes da geração de 1924 a 1929, na qual se incluíam Margot e Anne Frank. Elas eram marcadas por uma conformidade assustadora. Gisela C., aos 20 anos, escreveu: "[...] Agora começou o horror, o inconcebível, a desgraça que de uma só tacada arrastou tudo o que era ordenado e amado para um caminho novo e inseguro: o ataque russo à pátria e a fuga do inimigo na escuridão e na incerteza." Ortrud H., um ano mais nova, escreveu: "[...] Começou o período terrível do perigo que se aproxima do oeste. Ajudamos a milhares de refugiados das regiões ameaçadas em seu caminho penoso, nós mesmos torturados pela incerteza em relação a nossas próprias famílias. Nós, moças jovens, estamos passando por muitos destinos humanos e infortúnios que nos tornam mais sérias e maduras do que outros jovens seriam." Suse H., também de 20 anos, escreve apenas duas frases: "E então veio a fuga. Sobre isso não quero escrever em detalhes, porque outros milhares passaram pelo mesmo que nós." As contribuições nesse livro são marcadas por essa similaridade, por uma individualidade oprimida e que talvez nunca tenha podido se formar, pelo luto inexpressivo que gira em torno de si mesmo. Os alemães da geração de Anne Frank que figuram na coletânea *Jugend unterm Schicksal* se veem como vítimas, vítimas da brutalidade, da guerra, da expulsão, daquilo a que chamam de destino. É inevitável a lembrança de *Juventude sem Deus*, do escritor

ANNE FRANK NA ALEMANHA

Ödön von Horváth, o livro dessa juventude da suástica, da era dos semblantes de peixe morto, sem expressão, sem nenhuma reação. Christian Wegner, nascido em 1893, coletou e publicou, no final dos anos 1940, declarações de jovens. Wegner foi como um pioneiro no meio editorial alemão; em 1920, ele lançou os primeiros livros de bolso no mercado, mais tarde desempenharia um papel no sucesso de *O diário de Anne Frank*. O pedagogo Kurt Haß compilou os documentos em Lübeck, cidade vizinha a Hamburgo e, naquela época, tomada de refugiados e desterrados, entre os quais estava a maior parte dos jovens que escreveram os relatos:

> O livro contém trechos de relatos de vida dados por jovens alemães, rapazes e moças, entre 1946 e 1949, por ocasião de sua inscrição para as provas escolares finais, jovens e moças que, no caos e nos abalos da guerra, assim como em seus desdobramentos nefastos, tornaram-se mais maduros do que pessoas de sua idade em geral costumam ser. De milhares de relatos foram escolhidos trechos que simbolizam o destino e o caminho da juventude alemã da forma mais incisiva. O objetivo da seleção não era enfocar a terrível realidade da guerra e do colapso da Alemanha, mas sim mostrar como a juventude alemã foi provada pelo destino que lhe foi imposto. Será que ela o enxerga como pena por uma culpa? Será que o reconhece como um teste, como sábia providência? Ou esse destino paira sobre a juventude

como uma maldição? O que se pode esperar dessa juventude após um abalo desses? Para todas essas perguntas pode-se ler uma resposta nos relatos, respostas das quais depende o futuro do país, respostas que fortalecem nossa crença nesse futuro alemão.

Esse futuro alemão, a princípio, nada mais era do que um passado, cinza e monocromático. Contra essas experiências passadas, alguns dos entrevistados contrapuseram experiências religiosas ou ao menos uma fagulha de esperança, muitos externaram ambições profissionais, em sua maioria como padres, docentes, ou ainda experiências educacionais, com a filosofia clássica, o *Fausto* de Goethe, os clássicos da literatura.

Um colaborador da revista *Akademische* e representante da mesma geração, o estudante de filosofia em Hamburgo Ralf Dahrendorf, de 21 anos, mostrou-se cético em relação à mera coleta de "material" — como ele o chamou — e questionou, por exemplo, se os "estudantes com suas experiências com Spinoza, Händel, Rilke de fato seriam representativos da juventude alemã". Dahrendorf, que mais tarde se tornou sociólogo e se envolveu com política durante algum tempo, exigiu uma interpretação realista das experiências de uma geração, em vez da invocação de suas experiências educativas e de toda a retórica sobre destino e caminho, como colocada na introdução aos relatos.

A geração alemã nascida em 1929 estava a mundos de distância de *O diário de Anne Frank*, de sua expressividade, sofisticação, de seu conteúdo de experiência de vida, de seu *ethos*. Não se trata de confrontar uma obra com a outra, não é isso. Antes, o que se constata é que, em 1950, o diário, enquanto gênero próprio, representava as vítimas. Os perpetradores, fossem eles jovens ou velhos, quase nunca mantinham um.

FALSIFICAÇÃO

No outono de 1951, Otto Frank recebeu uma carta de sua editora "com um pedido um tanto desagradável": "Uma livraria em Frankfurt vendeu o livro de sua filha a uma professora. Alguns dias depois, ela voltou com o livro, indignada, afirmando que era impossível que ele tivesse sido escrito por uma criança e que ficaria grata se pudesse ter o endereço dos pais da autora. A livraria nos escreveu perguntando se nós não poderíamos lhe relatar o caso e solicitar que o senhor escrevesse uma carta breve a essa senhora."

E assim ele o fez, imediatamente. Em 22 de outubro de 1951, Otto escreveu à diretora de estudos avançados, sra. Katharina Weber, rua Mittelweg, em Frankfurt am Main, dizendo ter ficado sabendo "que a senhora comprou um exemplar do diário de minha filha mais nova, porém expressou dúvidas ao livreiro em relação à autenticidade do livro". Com isso, ele aproveitava a oportunidade para escrever a ela:

Anne, que veio para Amsterdã com 4 anos, escreveu seu diário em holandês, e não sei de nenhum caso de dúvida de que tudo aquilo são vivências profundas e não algo inventado. Não fiquei sabendo de nenhuma desconfiança na França, conheço apenas — além da senhora — um caso na Suíça. É possível que na tradução algumas partes tenham sido rebuscadas, porém me ofereço a lhe apontar cada uma delas no original. Mesmo sem falar holandês, é possível entender o texto com ajuda da tradução. No livro há apenas acréscimos insignificantes, por exemplo, na parte em que ela enumera os presentes de aniversário que ganhou, na qual foi feita uma pequena adição em relação à esposa do sr. Dussel; trechos completamente insignificantes, porém todas as ideias, todas as expressões são como ela as escreveu. O fato de se ter corrigido pontuação e lapsos, que ocorrem a todos ao escrevermos um diário, é completamente normal.

Otto Frank oferece ainda uma visita a Katharina Weber para "tratar de todos os detalhes" caso ela o desejasse. E de fato ele se encontrou no outono de 1951 ou no inverno do ano seguinte com a diretora da escola Elisabethenschule, no norte de Frankfurt, que naquela época era uma escola apenas para meninas. Katharina Weber era supostamente uma professora como as que se tinha antigamente na Alemanha: completamente absorta em sua profissão, severa,

ANNE FRANK NA ALEMANHA

porém justa, ao mesmo tempo meticulosa e sensível, com um senso profundo em relação à alma dos jovens. Otto Frank parece ter sentido isso e certamente por esse motivo se aproximou dela. Ele pôde sanar suas suspeitas. A diretora de estudos avançados adicionou, por fim, o diário à biblioteca da escola e, em 30 de abril de 1952, devolveu os manuscritos dos contos de fadas e histórias de Anne que Otto Frank havia deixado com ela para que tivesse uma noção da vocação literária precoce de sua filha. A professora reconheceu nos manuscritos a "observação madura + a coerência da representação de algumas histórias" e acrescentou: "Por motivos profissionais + de saúde, infelizmente ainda não pude concretizar meu plano de ler mais uma vez o diário de Anne para mostrar ao senhor as passagens que suscitaram meus questionamentos na primeira leitura."

DO LADO DE FORA DA PORTA

Quando, no final dos anos 1940, o diário de Anne Frank passava pelas primeiras mãos na Alemanha, muitas delas também seguravam o drama de Wolfgang Borchert, cujo título, *Do lado de fora da porta* (do original alemão *Draußen vor der Tür*), tinha sido sugerido por Ernst Schnabel em substituição ao título anterior, *Ein Mann kommt nach Deutschland* [Um homem volta para a Alemanha]. Schnabel tinha acertado na escolha e, em fevereiro de 1947, coreografou e produziu a peça radiofônica. Alguns anos mais tarde, ele escreveria sobre Anne Frank. Karl Ludwig Schneider era bem próximo de Borchert, que era dois anos mais jovem. Eles costumavam se encontrar, e Schneider, após receber bem cedo em sua vida uma bolsa de estudos para estudar em Zurique, se empenhou para que a peça de Borchert fosse lançada, publicando uma cena na revista *Akademische*. Como introdução, ele escreveu: "De forma alguma esperamos um milagre ou um cataclismo humano, mas sim um pouco mais de decência e sobretudo que a geração mais jovem consiga combater as tendências enganadoras em geral. Porém, visto que isso também não ocorreu, merecem ser mencionados os poucos que tentam dar uma noção do abismo em que nos encontramos, que jogam luz no sofrimento."

O editor da revista estudantil justificou com argumentos morais a publicação da cena da obra ainda não lançada de um autor completamente desconhecido. Eram os mesmos argumentos pelos quais ele queria publicar trechos do diário de Anne Frank.

O drama *Do lado de fora da porta*, de Wolfgang Borchert, e *O diário de Anne Frank* se tornaram sucessos ao mesmo tempo, sob condições diferentes, com o mesmo público e alavancados por encenações assistidas por uma plateia bem jovem leitora de ambas as obras, que espelhavam a constituição moral tanto dos perpetradores quanto das vítimas.

A CRIANÇA SALVA

No outono de 1959, Theodor W. Adorno deu uma palestra para o Conselho Alemão de Coordenação da Cooperação Judaico-Cristã tendo como tema a questão "O que significa elaborar o passado". Tanto a coordenação como o momento histórico apontavam a urgência do tema sobre o qual o sociólogo e filósofo de Frankfurt se debruçou com o intuito de lhe trazer um sentido completamente novo. "Elaborar o passado", segundo ele, tinha se tornado um termo convencional, sendo, como tal, "altamente suspeito". As pessoas queriam escapar do passado, e com razão, já que em sua sombra elas não poderiam viver. Adorno abre a palestra dizendo perceber a sobrevivência do nazismo *na* democracia como potencialmente mais ameaçadora do que a sobrevivência de tendências fascistas *contra* a democracia — tese que possui um caráter surpreendentemente moderno. Na sequência, ele descreve as formas e os conteúdos da elaboração do passado nazista: negação e redução do acontecido, autocomiseração, supressão da memória, ignorar e evitar o que houve.

Celebrações memorialísticas não são mencionadas na palestra, apenas porque praticamente não havia nenhuma em 1959. Podemos supor que Adorno as teria visto com ceticismo e teria sugerido que se abordasse antes o indivíduo do que o coletivo. "O mais importante é de que forma o passado é presentificado; se nos limitamos à mera acusação ou se suportamos o horror por meio da força de compreender até mesmo o incompreensível. Para tanto, seria obviamente necessária uma educação dos educadores." E, nesse contexto, Adorno, que como professor universitário conhecia a importância da formação de professores, lamenta a expulsão da psicanálise da Alemanha, uma vez que ela poderia mostrar formas de lidar com o passado tanto no plano individual quanto no coletivo.

Por fim, Adorno relata a história de uma mulher que, após uma encenação da dramatização do diário de Anne Frank, teria dito: "Mas pelo menos *essa* menina eles deviam ter deixado viver." Mesmo essa reação, segundo ele, era positiva enquanto "um primeiro passo rumo a um reconhecimento", e continua:

> Entretanto, o caso individual, que figura em lugar do todo terrível, tornou-se, por meio de sua individuação, um álibi do todo que aquela mulher esqueceu. O complicado em observações assim é que nem por conta delas seria possível desaconselhar a apresentação da peça sobre Anne Frank e outras do gênero, pois seu efeito, por mais que se possa relutar, vai na direção do potencial de algo melhor. Não acredito que muita coisa possa ser feita por meio de encontros de grupos ou de jovens alemães e jovens israelitas ou outros eventos amistosos do tipo, por mais desejável que tal contato seja. Nesse contexto, parte-se demais do pressuposto de que o antissemitismo

ANNE FRANK NA ALEMANHA

tenha fundamentalmente algo a ver com os judeus e possa ser combatido por meio de experiências concretas com judeus. O antissemita genuíno, entretanto, se define pelo fato de não querer ter nenhuma experiência, não querer ser contatado.

Trinta anos mais tarde, Hanno Loewy resumiu a universalização de Anne Frank dando a ela o título de "a criança salva" — uma reflexão cética sobre a frase, que nesse contexto não é mencionada, mas que ecoa muitas vezes na Alemanha: mas por que não deixaram *essa* menina viver?

ANNE FRANK NA BROADWAY

Nova York, 5 de outubro de 1955. Naquela noite, estreou na Broadway *O diário de Anne Frank* como peça de teatro no Cort Theatre. O teatro atualmente leva o nome de James Earl Jones, que fez sua estreia na Broadway em 1958 com a peça *Sunrise at Campobello*. Sua voz grave e marcante o consagraria mais tarde.

Em outubro de 1955, abriam-se as cortinas para o sucesso mundial do diário — tanto nos palcos quanto nas livrarias; pouco após seu lançamento, o diário já se tornara um sucesso de vendas. Também na Alemanha as edições do livro de bolso dispararam com as estreias teatrais da obra. De março a setembro de 1955, foram vendidos 40 mil exemplares na livraria Fischer; em outubro, apenas um mês, 12 mil; até o fim daquele ano, um total de 80 mil; ao final do ano seguinte, 1956, foram vendidos 50 mil exemplares. Em novembro de 1957, foi superada a marca de meio milhão de exemplares do diário vendidos no mercado de língua alemã — um número inédito para a época. Era como se a adaptação teatral tivesse tornado as personagens, os motivos, as cenas, os bastidores, talvez até o sentido total da obra literalmente visíveis e, por meio da presença da encenação, tornado a obra novamente legível. Por anos será o encerramento da peça teatral, e não o do próprio diário, que determinará a compreensão geral da obra. As luzes se apagam, do palco escuro se ouve a voz de Anne como vinda do além: "Apesar de tudo, acredito na bondade das pessoas."

O casal Frances Goodrich e Albert Hackett, que dirigiam a peça, tinha se decidido por esse fim e omitido as circunstâncias históricas do 4 de agosto de 1944, quando as oito pessoas escondidas foram capturadas. Otto Frank tinha concordado e aprovado essa interpretação. Ele sempre enfatizava em sua vasta correspondência que o diário de Anne não era uma "história de guerra" e, por conseguinte, não havia lugar para armas e uniformes no palco. O próprio surgimento do roteiro tinha sido um processo dificultoso, visto que Otto Frank inicialmente criticava que sobretudo o desenvolvimento de Anne não estaria sendo apresentado com suficiente clareza. Isso explica as cenas de família na peça. Por fim, o casal de diretores lançou mão da ajuda da dramaturga Lillian Hellman e do autor e diretor Garson Kanin para tornar a peça apropriada para a Broadway: simples, tocando o coração com uma clara mensagem moral.

"Quando as cortinas se abrem, o palco está vazio", a peça começa com o retorno ao antigo esconderijo:

É uma tarde de novembro de 1945. Os cômodos estão empoeirados, as cortinas rasgadas. No cômodo central há uma mesa e uma cadeira caídas. A porta aos pés da pequena escada à esquerda se abre. O sr. Frank sobe os degraus. No alto, ele para por um instante, olha lentamente a seu redor.

Miep Gies entrega ao pai o diário.

Em dois atos com cinco cenas cada um, Goodrich e Hackett trouxeram o diário para os palcos. A peça trata da relação de Anne com a mãe, com o pai, a quem é bastante ligada, e de sua relação com Peter. Durante uma parte da encenação, ela tem um pesadelo terrível no qual sua amiga Jopie aparece no campo de concentração. E, por fim, a voz de Anne relata em *off* que os Aliados tinham desembarcado na África e que seu pai tinha predito o fim da guerra, já próximo. Na cena da festa do Hanucá é dado aos espectadores o único indício ou, antes, uma sugestão de que se trataria de judeus escondidos.

O segundo ato se abre com a voz de Anne novamente:

Sábado, 1º de janeiro de 1944. Mais um ano começou e até hoje estamos vivendo no nosso esconderijo. Agora já por um ano, cinco meses e 25 dias. É como se nossa vida tivesse parado.

Os espectadores se tornam testemunhas da crescente proximidade entre Anne e Peter. A sra. Frank observa como o sr. Dussel rouba fatias de pão, uma cena mínima do diário, mas com grandes repercussões.

Na quarta cena do segundo ato, o diálogo é especialmente marcante. Anne vai até Peter:

> Eu sei, é terrivelmente difícil ainda acreditar em alguma coisa... com todo esse horror acontecendo... com pessoas que fazem algo assim... mas sabe o que eu penso às vezes? Eu penso que talvez o mundo também esteja passando por um processo de desenvolvimento... Você sabe como foi difícil entre mamãe e eu... talvez essa seja só uma fase do desenvolvimento. Vai passar, talvez só daqui a centenas de anos, mas um dia isso vai ter acabado, sim. Apesar de tudo, ainda acredito na bondade das pessoas.
>
> *Peter*: É agora que eu quero ver um pouco dela. Agora... e não em mil anos!
>
> *Anne*: Ah, Peter, você não consegue imaginar que isso faça parte... como uma parte de um todo maior... nós não passamos de um pequeno minuto na vida...
>
> *Eles são interrompidos por sirenes e pneus freando bruscamente. Ouvem-se vozes masculinas:*
> Abram aí dentro! Rápido! Rápido! Rápido!
>
> *A porta é arrombada com violência.*

Anne encerra a quarta cena com as palavras:
E assim parece que não poderemos mais ficar aqui. Já estão esperando por nós. Ainda temos cinco minutos para pegar as nossas coisas. Só nos permitem levar uma mala cada um e nela apenas roupas e tecidos. Mais nada. E por isso tenho de deixar você também, meu diário querido. Adeus por ora... P.S.: Por favor, por favor, Miep ou Mijnheer Kraler ou quem quer que encontre esse diário, guarde-o para mim. Pois espero que um dia...

Nesse ponto a voz dela se cala. Após alguns segundos, as cortinas se abrem novamente.

A quinta cena nos leva de volta ao ano de 1945. Kraler, Miep Gies e Otto Frank estão no palco. O pai diz com voz embargada:

Mas Anne... ainda tinha esperança... Ontem estive em Roterdã. Disseram que havia uma mulher... Ela tinha estado em Belsen, junto de Anne... Agora sei tudo o que aconteceu.
A voz de Anne:
Apesar de tudo, acredito na bondade das pessoas.
Otto Frank fecha o diário de Anne lentamente:
Como ela me constrange.

Após um breve silêncio, as cortinas se fecham.

A estreia em Nova York foi um sucesso estrondoso. O termo "abalo" talvez descreva com mais precisão o efeito que ela causou. Noite após noite, em um teatro lotado, ela foi encenada. Correu o mundo e voltou para os Estados Unidos, de onde tinha saído, para depois alcançar a Europa e, por fim — de um modo todo particular —, a Alemanha.

Naquela noite de outubro, entretanto, estava sentado no salão do teatro um senhor a quem a peça definitivamente não agradou. Meyer Levin, um jornalista, autor, dramaturgo. Nascido em 1905, em Chicago, filho de emigrantes europeus criado em condições difíceis, formado na universidade de sua cidade, ele viajou em 1925 para Paris, onde, por meio de outras pessoas, teve contato com suas raízes judaicas. Elas se tornaram o tema de sua vida. No mesmo ano de 1925, Meyer Levin viaja a Jerusalém e escreve de lá como correspondente da Jewish Telegraphic Agency sobre a fundação da Universidade Hebraica. Ele ficou mais do que o esperado em Jerusalém e se juntou a um *kibutz* na Palestina. Ali escreveu os primeiros romances de todos os tempos sobre a vida no *kibutz*: *The Reporter, Frankie and Johnny* e *Jehuda*. Sua obra literária gira em torno de dois polos: as dificuldades sociais nos bairros pobres de Chicago nos anos 1920 e o universo de fé dos judeus hassídicos do centro da Europa, apresentados a ele e a muitos outros por Martin Buber.

Em 1944, Meyer Levin desembarcou com o exército dos Estados Unidos na Normandia, França, e enviou relatos

ANNE FRANK NA BROADWAY 101

para a agência judaica de telegrafia na Europa, sobretudo sobre campos de concentração libertados. Ele visitou os campos de concentração de Nordhausen, Buchenwald e Bergen-Belsen, na Alemanha, e analisava constantemente a lista com os nomes dos mortos. Eles se tornaram para ele, em uma só palavra, aquilo que o título de sua biografia traz: *The Obsession* [A obsessão].

Com sua crítica da peça na Broadway, Meyer Levin desarranjou o até então ordenado universo editorial e do teatro, mas por meio desse desarranjo ele tentava lembrar ao mundo de que aqui despontara um livro — e uma peça — que não obedecia aos critérios convencionais de sucesso comercial, de emotividade rápida, de sentimentos fugazes — e muito menos deveria fazê-lo. As polêmicas atribuídas a Meyer Levin e à sua reputação se baseavam nessa situação. Ele tomou partido daquilo que lhe parecia ter sido (e que de fato fora) omitido no palco de Nova York: o fato de que as pessoas escondidas eram judias e sua perseguição tinha feito parte de uma guerra "total", como Joseph Goebbels tinha conclamado. Diferentemente de Otto Frank, Meyer Levin leu o diário como um livro de guerra, como um documento da perseguição nazista e da autoafirmação judaica.

De sua história de vida, mas também da história em geral, tornava-se evidente o motivo pelo qual Meyer Levin não tinha conseguido se juntar aos aplausos frenéticos após o fechar das cortinas. Em 14 de outubro foi publicada a sua crítica demolidora no jornal *The National Jewish Post*. A peça lhe tinha causado "profundo desgosto": "Anne Frank e aqueles que sobreviveram aos campos de concentração merecem com certeza mais do que uma exploração tão descarada." Segundo ele, tudo o que era judeu tinha sido retirado da peça, o arrebatamento amoroso por Peter tinha sido exagerado, a fé da jovem menina não tinha sido abordada.

O crítico tinha sido um veemente apoiador de *O diário de Anne Frank*, tendo acompanhado o lançamento do livro alguns anos antes com críticas positivas. Inicialmente não tinha sido fácil encontrar uma editora para a edição em inglês, como Otto Frank já havia constatado nos Estados Unidos no fim dos anos 1940.

Meyer Levin era também escritor, mais precisamente o autor de uma outra peça sobre o diário de Anne Frank, em contrapartida à primeira. Em sua adaptação, ele dava grande ênfase à história da perseguição.

UMA BROADWAY TOTALMENTE ALEMÃ

Seis dias depois da estreia em Nova York, no dia 11 de outubro de 1955, o diretor da editora S. Fischer, Rudolf Hirsch, escreveu a Otto Frank: "[...] como pude ler em um jornal estadunidense, ora a dramatização do *Diary* foi apresentada na Broadway com enorme sucesso. Seria possível que o senhor utilizasse sua influência para que nós obtivéssemos os direitos de adaptação para os palcos na Alemanha?" E

ANNE FRANK NA BROADWAY

assim foi feito; os direitos foram cedidos à editora S. Fischer, que já era a responsável pela bem-sucedida distribuição do livro. Exatamente um ano mais tarde, em outubro de 1956, a Broadway chegou aos palcos alemães. A peça estreou simultaneamente em Berlim, Düsseldorf, Dresden, Karlsruhe, Constança, Viena, Hamburgo, Aachen e Munique. Uma estreia simultânea como essa, em diferentes teatros, aconteceu apenas uma outra vez, tanto na Alemanha Oriental quanto na Alemanha Ocidental: com *Die Ermittlung* [A investigação], de Peter Weiss, a grande dramatização do julgamento de Auschwitz em 1965.

A partir de 1956, quase todas as cidades alemãs maiores, tanto no oeste quanto no leste, encenaram *O diário de Anne Frank* em sessões muitas vezes esgotadas. Na temporada de 1957-58 aconteceram na Alemanha Ocidental 665 apresentações em 31 teatros, enquanto na Oriental, menor em sua extensão, um número quase igual, ou seja, muitas apresentações: 610 no total, em 22 teatros. A representação dramática do diário desenvolveu uma dinâmica própria e acelerou a popularidade e o alcance da obra literária como nenhuma outra. A versão da Broadway, que havia se estabelecido apesar de oposições e críticas, se tornou — desde a estreia na Europa em Gotemburgo até encenações vinte, trinta anos mais tarde — um modelo para todas as adaptações.

O ESPECTADOR AUSENTE

Desde o primeiro momento, Otto Frank tinha decidido não frequentar nenhuma encenação teatral. Ele era convidado a quase todas, recusava sempre o convite, mas gostava de saber como tinham sido as apresentações, de receber fotos e os programas dos teatros, acompanhando os acontecimentos de longe, supostamente com mais atenção do que seria possível caso estivesse presente. No dia 5 de setembro de 1956, Otto Frank escreveu a Boleslaw Barlog, intendente-geral do teatro de Berlim e diretor da peça:

> Prezado senhor diretor,
>
> Na semana passada estive em Frankfurt e obtive, por meio da editora Fischer, mais informações sobre as diferentes encenações alemãs de *O diário de Anne Frank*. Após ter tido conversas aprofundadas com os dirigentes das encenações em Londres e Amsterdã, achei que seria bom entrar em contato também com diretores de teatros alemães. Eu teria tido prazer em encontrar o senhor pessoalmente, porém, sabendo que a peça sob sua direção está em ótimas mãos e que o senhor presenciou a apresentação em Nova York, me pareceu desnecessária uma viagem até Berlim.
>
> O livro tinha um propósito especial na Alemanha e fico feliz que, por meio da edição mais acessível da editora Fischer, círculos mais amplos de leitores possam

ANNE FRANK NA BROADWAY

ser alcançados. Sua dramatização deverá servir à mesma finalidade, ou seja, transmitir a mensagem de Anne. Não tenho pretensões de me intrometer no que seja, porém quero pontuar algo que de certa forma me deixa apreensivo em relação às apresentações na Alemanha.

Em linhas gerais, trata-se do trecho do roubo de pão. Essa cena foi inventada pelos Hackett com interesse no efeito dramático. Temo que ela possa gerar um mal-entendido por parte do público alemão em relação a uma ação gerada pela escassez. Poderiam comentar: "Olha, um judeu roubando os outros!" Sua opinião sobre a possibilidade de essa ação ser feita de forma convincente, sem causar objeções, muito me interessaria.

Afinal trata-se da apresentação da personagem Dussel. Nas críticas da muito aclamada estreia europeia em Gotemburgo, li diversas vezes sobre a figura "antipática" do sr. Dussel. Eu já havia conversado anteriormente com os Hackett sobre essa personagem e eles insistiram que Dussel tinha de ser a figura do solitário entre as famílias e que, por isso, tinha de passar uma impressão de egocêntrico e pedante, mas não de antipático. Isso é ainda mais importante em Berlim, onde Dussel tinha uma clínica, e pelo fato de sua segunda mulher, que agora mora em Amsterdã, ser berlinense. Eu gostaria de evitar que ela ficasse sabendo por meio de conhecidos sobre uma representação antipática de seu marido. Espero que o senhor possa compreender minha preocupação e não leve a mal minhas observações.

Na verdade, no texto original, a descrição do dentista Dussel feita por Anne Frank era bastante antipática, sobretudo porque a menina tinha de dividir seu quartinho estreito no esconderijo com o senhor mais velho, de forma que atritos não podiam ser evitados. Isso foi o que levou os diretores a representá-lo dessa forma nos palcos. Barlog respondeu a Otto Frank alguns dias mais tarde dizendo que lera ao grupo de teatro a carta que recebera dele. Ele também afirma que conseguiriam:

> [...] representar bem a atmosfera opressiva e a tensão do confinamento que gerara a histeria e os atritos entre as personagens da peça.
>
> Também com relação à figura de Dussel, posso tranquilizá-lo, pois no elenco contamos com Friedrich Maurer, um de nossos mais intrigantes atores, que desde já afasta todo e qualquer perigo de um mal-entendido.

Barlog dirigiu o pequeno grupo com a jovem Johanna von Koczian no papel de Anne e Walter Franck como Otto Frank, entre outros nomes, quase todos conhecidos à época. Como diretor, Barlog trabalha, em suas palavras, "com toda delicadeza possível". A peça estreou sob sua direção na Alemanha no dia 3 de outubro de 1956, no teatro Schlosspark, na Berlim Ocidental, e ao mesmo tempo no teatro Thalia, em Hamburgo, e no teatro municipal de Constança.

ANNE FRANK NA BROADWAY 107

Pela primeira vez na história, a perseguição de judeus foi representada em uma peça nos teatros alemães. As apresentações de câmara do teatro alemão da época traziam *A importância de ser prudente*, de Oscar Wilde, *A prostituta respeitosa*, de Jean-Paul Sartre, e *Anfitrião 38*, de Jean Giraudoux. Ao lado dessas peças, figurava *O diário de Anne Frank* no roteiro de apresentações de Berlim. Além disso, os clássicos também eram encenados: *Wallenstein*, de Friedrich Schiller, o *Fausto*, de Goethe, *Sonho de uma noite de verão*, de Shakespeare, e *Os tecelões*, de Gerhart Hauptmann. Em 1954, Barlog havia encenado *Der Hauptmann von Köpenick* [O capitão de Köpenick], de Carl Zuckmayer, adorada pelo público berlinense. Bertolt Brecht era encenado apenas muito raramente na parte ocidental do país.

Com *O diário de Anne Frank*, onze anos após o fim da Alemanha nazista, a perseguição dos judeus europeus ganhou os palcos do país, mais no leste do que no oeste. Entretanto, embora a perseguição estivesse presente, a peça fechava os olhos para o assassinato: "Quero continuar vivendo depois da morte." Nos anos anteriores a essa estreia, uma outra obra dominava os palcos da Alemanha Ocidental: *Des Teufels General* [O general do diabo], uma peça que abordava as relações internas e a resistência no Terceiro Reich. Era uma história de heroísmo com uma pitada de embasamento histórico sobre Ernst Udet, o general das forças aéreas de Hitler, a Luftwaffe, a quem o autor, Zuckmayer, não queria igualar a sua personagem, Harras, mas o público

interpretou dessa forma. A história tratava de uma insurrei-
ção contra um sistema de terror e repressão, recompensa e
vigilância. *Des Teufels General* se tornou bastante popular
em 1955 com a adaptação para o cinema de Helmut Käutner,
com Curd Jürgens no papel principal.

Günther Rühle, a quem devemos a mais abrangente história do teatro do pós-guerra na Alemanha, chamou *O diário
de Anne Frank* de um "hit ocidental" pelo fato de a peça ter
chegado aos palcos europeus pelos Estados Unidos. Ele a
qualifica como "teatro documental" e a coloca ao lado de *O
vigário*, de Rolf Hochhuth, e *O interrogatório*, de Peter Weiss.
Porém, será que isso de fato se aplica à peça da Broadway?
Será que uma peça documental não necessitaria de mais cenas e diálogos, justamente para fins de documentação? Será
que os elementos de comoção não encobrem os momentos
de representação histórica na adaptação teatral do diário, de
forma que o público acesse um passado bem próximo de forma
bastante filtrada?

O diário de Anne Frank foi um "hit ocidental", porém
encenado ainda mais na Alemanha Oriental, como mostram
as correspondências simultâneas de Otto Frank com o teatro da nova geração em Dresden, o teatro de Rostock e o de
Halberstadt. Na República Democrática Alemã (RDA), essas
apresentações eram entendidas como uma tarefa nacional.
Em Dresden, diferentemente de outros lugares, procurava-se
o diálogo com a comunidade judaica local. A primeira apresentação na noite anterior fora "um sucesso maravilhoso",

ANNE FRANK NA BROADWAY 109

escreveu o intendente de Dresden em 2 de outubro de 1956: "O público recebeu a peça com genuína simpatia. Ao final, fizeram um silêncio compungido por mais de dois minutos, até que finalmente um enorme aplauso irrompeu, de forma que tivemos, no total, trinta cortinas de agradecimentos."

As apresentações simultâneas parecem ter tido similaridades, tanto interna quanto externamente. No mesmo dia 2 de outubro de 1956, Otto Frank recebe um telegrama de Berlim: "Comoção imensa e silêncio profundo na estreia de ontem. Missão cumprida com sucesso. Obrigado e abraços – Barlog."

"Se o senhor pudesse ter experienciado como o público acompanhou a apresentação com a respiração suspensa", explica o intendente-geral alguns dias mais tarde por carta, "e como depois deixaram o teatro, tanto na pausa quanto ao final, em silêncio, com olhos vermelhos e comovidos, sem aplaudir, o senhor saberia então que sua palavra em relação à missão da peça se tornou realidade." Os atores também teriam ficado "profundamente tocados com sua tarefa".

Na maior parte das apresentações na Alemanha, os espectadores eram orientados na ficha de apresentação ou em avisos individuais no palco a não aplaudir. Sobre o "brilhante encerramento da semana festiva de Berlim", com a encenação de O diário sob a direção de Barlog, escreveu-se, em outubro de 1956, que "os ânimos tinham sido tão tocados, que o público se retirou ao final da peça em uma comoção silenciosa, que nesse caso significava também reconhecimento total". O palco se tornou um lugar sagrado no qual não se aplaudia, ou o faziam com constrangimento. Era uma diretriz da administração do teatro.

Nos casos em que os espectadores não eram impedidos de aplaudir, como em Frankfurt am Main, havia "uma ovação altamente comovida" ou, como em Aachen, "no início, uma comoção hesitante e, em seguida, uma ovação enorme", e duas semanas depois da estreia em Berlim, "ovações avassaladoras e olhos marejados".

NA GRANDE IMPRENSA

"A reação da imprensa aqui é excelente", foi o que Boleslaw Barlog escreveu a Otto Frank após a estreia. O crítico C. O. Frenzel noticiou a estreia em Berlim e Hamburgo:

> Em uma mesma noite, incontáveis pessoas deixaram o teatro em silêncio, em seus rostos estava estampado aquele medo mortal que elas, apesar de todo o peso dos anos de guerra e do período seguinte, não haviam vivenciado nessa concentração tão cheia de martírio, porém com mais esperança do que desespero.

Na rua, após a apresentação em Munique, os espectadores tiveram "longas conversas sobre a peça, difícil de se realizar, porém encenada com maestria pelos atores".

ANNE FRANK NA BROADWAY

Uma experiência teatral impactante", escreveu-se em outubro de 1956 em Baden; "Um destino abala o mundo", noticiou o jornal *Westfälische Nachrichten*; "Como ela nos deixa constrangidos", pode-se ler após a estreia em Berlim e Hamburgo; "Comoção por Anne Frank", trouxe o jornal *Westdeutsche Allgemeine Zeitung*.

De fato, todas as apresentações da peça, seja regionalmente ou em maior escala, encontraram um eco positivo que em sua expressão remontava ao vocabulário usado já alguns anos antes em relação ao livro.

Katja Heimsath avaliou diversas notas da imprensa alemã sobre o diário. O jornal *Frankfurter Rundschau* de 22 de setembro de 1950, em uma coluna com o título "O livro: uma questão fatídica", qualificou a obra como "documento único"; o jornal *Generalanzeiger für Bonn und Umgebung* falou de um "documento tocante do passado mais recente". Outros jornais consideraram o diário ao mesmo tempo inspirador e humano; "bonito, genuíno e comovente". Um jornalista explicou em 1951 o impacto duradouro do diário pelo fato de a obra ter "pouco a ver com política" e "muito com as pessoas de nossos dias". Não se trataria "tanto do destino de uma família judia, mas sim de um destino europeu, que, de uma forma ou de outra, poderia ser o nosso destino [...], trata-se das pessoas que vivem conosco, ontem, hoje, amanhã". O *Deutschen Kommentare* constatou em fevereiro de 1951: "Nenhum escritor da nossa era pôde retratar o crepúsculo de nossa situação, exemplar para todos nós, de forma tão genuína e visceral quanto essa menina de 14 anos [...]." Essa reversão do destino judeu em um destino humano coletivo se torna a interpretação padrão do diário nos anos 1950, e mais ainda após a apresentação da peça, como mostra Katja Heimsath. O diário consegue retratar seu *tempo* sem denunciar ninguém. Ele apenas mostra "pessoas totalmente normais".

O diário de Anne Frank foi interpretado de modo existencialista, generalizado, relacionado ao próprio destino. Uma "superação explanatória e analítica do nazismo", como o filósofo Hermann Lübbe formulou enquanto objetivo, não aconteceu. As notas da imprensa mostram isso constantemente. Em contrapartida, nada sabemos, ou muito pouco, sobre o efeito que a leitura do diário ou a visita ao teatro gerou nos indivíduos, ou se esse efeito, por menor e irrisório que pudesse ser naquela época, se desenvolveu apenas no início dos anos 1960, quando, através do julgamento de Eichmann, os crimes do passado foram cada vez mais reconhecidos na Alemanha, na imprensa e na televisão.

O GATO ADESTRADO

Quando, na manhã de 6 de julho de 1942, Anne Frank se encaminhava para o esconderijo na rua Prinsengracht, ela deu uma última olhada no apartamento na rua Merwedeplein, no

ANNE FRANK NA BROADWAY

sul de Amsterdã, e relatou dois dias mais tarde à sua amiga imaginária Kitty:

> Às sete e meia fechamos a porta depois de sair; a única despedida que precisei fazer foi da Moortje, a minha gatinha, que seria bem acolhida pelos nossos vizinhos, como explicamos num bilhete deixado para o sr. Goldschmidt.
>
> As camas desfeitas, a mesa posta com o café da manhã, meio quilo de carne para a gata na cozinha, tudo isso dava a impressão de que tínhamos partido atabalhoadamente. Não nos importávamos com que impressão deixamos; o que queríamos era ir embora dali, só ir embora e chegar sãos e salvos a algum lugar.
>
> Continua amanhã.
>
> Sua Anne

Na tarde de domingo, um mensageiro tinha entregado a "convocação" da SS segundo a qual Margot, a irmã de Anne, três anos mais velha, deveria se apresentar em um ponto de encontro. Quando Anne ouviu aquilo, levou um enorme susto: "[...] uma convocação, todo mundo sabe o que isso significa, vi assomarem diante de mim campos de concentração e celas solitárias [...]." A Amsterdã ocupada deveria ser "purificada de judeus", a família tinha se preparado para a eventualidade de uma ordem de deportação e construído um esconderijo nos fundos do escritório na rua

Prinsengracht, nº 263, para sete pessoas (a oitava, o dentista sr. Pfeffer, se juntou ao grupo em novembro de 1942). A decisão foi tomada rápido, os ajudantes vieram já na noite de domingo para deixar algumas coisas lá. O apartamento abandonado deveria dar a todos a impressão de que a família teria fugido para a Suíça, e não apenas para um outro bairro. Em sua *graphic novel* sobre o diário, Ari Folman e David Polonsky retratam o gato lambendo o leite derramado na mesa. Ao lado, uma carta para o vizinho, o sr. Goldschmidt. Na manhã de segunda-feira, a família Frank partiu, Margot de bicicleta na frente, ao lado de Miep Gies, a corajosa ajudante:

> Foi assim que andamos sob chuva torrencial, o papai, a mamãe e eu, cada um levando uma pasta escolar e uma bolsa de compras, cheias dos objetos mais variados. As pessoas a caminho do trabalho olhavam para nós com pena; naqueles rostos se lia a infelicidade de não poderem nos oferecer nenhum tipo de veículo; a estrela amarela extravagante falava por si própria.

Naquela manhã de segunda-feira era preciso que Anne se despedisse de Moortje, cujo pelo preto lembrava a cor do pântano (*"Moor"*, em alemão). A gata acompanhava a menina já havia algum tempo e constava nos relatos desde o início. Quando, algumas semanas antes, Anne ganhou pelo seu 13º aniversário o caderno que se tornaria seu diário,

ANNE FRANK NA BROADWAY

Moortje a saudou com cambalhotas pela manhã. E mesmo depois que a menina foi obrigada a deixar a gata na casa da rua Merwedeplein, Moortje ainda a acompanhava em seus pensamentos e lembranças. Dois novos gatos no escritório, que Anne apresenta a Kitty em março de 1943, a fazem lembrar de Moortje:

> Você ainda não conheceu o Moffie, mas ele já circulava pela empresa antes de termos de nos esconder. Ele é o gato do armazém e do escritório e mantém os ratos longe do depósito. O seu nome político é também fácil de explicar. Por um tempo, a Gies & Co teve dois gatos, um para o armazém e o outro para o sótão. Às vezes os dois se cruzavam, o que invariavelmente resultava em brigas feias. Era sempre a fera do armazém que atacava, ao passo que o monstrengo do sótão saía vencedor. Como na política. Assim sendo, o do armazém era chamado de Alemão ou Moffie,[11] e o do sótão, de Inglês ou Tommie. Livraram-se do Tommie um tempo depois, enquanto Moffie é para nós motivo de diversão quando descemos.

---

11 *Mof* é uma palavra de origem germânica que designa uma peça de vestuário na qual os alemães enrolavam as mãos e os antebraços para protegê-los do frio (uma espécie de polaina para as mãos). Durante a Segunda Guerra Mundial, os holandeses passaram a usar a palavra para se referir pejorativamente aos alemães, que costumavam usar o *mof*. [Nota do tradutor de *Obra reunida*]

Quando, uma semana mais tarde, Peter van Pels e sua família chegam ao esconderijo, seus pais permitem a ele aquilo que fora negado a Anne: ele pôde trazer consigo seu gato Mouschi.

Uma parte importante do universo felino em *O diário de Anne Frank* é a cena do dia 24 de janeiro de 1944, quando o adolescente Peter vira o gato de costas e surpreende a menina, então de 14 anos, mostrando a parte do abdômen do gato que provava que ele era macho:

> Eu deixaria de olhar na cara de qualquer outro garoto que tivesse apontado a genitália masculina para mim, mas o Peter continuou falando com tanta naturalidade sobre esse assunto vergonhoso, sem nenhuma segunda intenção, que acabou me tranquilizando sem a menor comoção. Brincamos com Moffie, nos divertimos e, por fim, fomos caminhando pela larga área do armazém até a porta.

Gatos estão associados no diário a leveza, alegria, bom humor, com as risadas de Anne Frank causadas tanto por Moortje quanto por Moffie, Tommy ou Mouschi. Em um dia de maio de 1944, Mouschi se agacha ao lado do banheiro para gatos no sótão, de modo que sua urina começa a pingar onde as pessoas estavam no esconderijo. Peter rapidamente tenta conter a situação e sobe as escadas correndo. "Seguiu-se um espetáculo barulhento, e a Mouschi, que nesse meio-tempo tinha esvaziado a bexiga, desceu correndo." Lá embaixo, uma poça se alastrava:

> Eu me esborrachei de rir, aquela visão era demais: a Mouschi encolhida debaixo de uma cadeira, o Peter com água, cloro e um esfregão, e o sr. van Daan apaziguando os ânimos. Logo tudo foi colocado em ordem, mas todo mundo sabe que o fedor de xixi de gato é terrível. As batatas ontem já deram prova mais que suficiente disso, assim como o lixo com a serragem, que o papai levou para baixo num balde para ser queimado.

A peça no New Yorker Cort Theatre trouxe gatos para o palco e se tornou, com o roteiro de Goodrich e Hackett, um modelo para todas as encenações seguintes — inclusive no festival de teatro de câmara de Munique. De lá vinha uma carta endereçada a Otto Frank, em novembro de 1956, em que a editora S. Fischer pedia para "reproduzir a cena do gato em *O diário de Anne Frank* fielmente ao original":

> Com isso, pedimos mais uma vez autorização à associação local de proteção aos animais para podermos colocar um gato treinado em cena. Após o fim da resistência da associação, depois de termos encontrado um gato assim, a cena foi arranjada como na versão original.

O festival de teatro de câmara de Munique já era muito influente. O jornal *Süddeutsche Zeitung*, assim como o jornal *FAZ*, que já então raramente concordavam, haviam criticado a apresentação em Munique por conta de alterações em relação ao original. No entanto, as críticas não tinham relação com o gato, mas sim com a introdução de canções nazistas durante a apresentação, que tornavam audível o contexto de perseguição antissemita do período. A direção do teatro se esforçou para apaziguar a situação por meio de cartas à editora Theaterverlag em Frankfurt e a Otto Frank, assegurando que marchas eram tocadas apenas em duas partes e ainda assim não completamente.

Logo em seguida, vem a polêmica com o gato. Não havia sossego após os muniquenses banirem o bichano dos palcos e o substituírem por um animal completamente diferente. A opinião geral era de que não deveriam ter feito isso. Em dezembro de 1956, a editora S. Fischer relata a Otto Frank:

> A propósito, em Munique, nossa instrução de substituírem a tartaruga por um gato foi prontamente atendida. O pobre gato vivo atrapalhou sensivelmente dois atos da peça e decidiram, então, usar um gato empalhado; com isso, todos os problemas foram sanados.

MÁXIMO LOUVOR

Em 27 de outubro de 1956, o então presidente da Alemanha, Theodor Heuss, visitou o festival de teatro de câmara de

ANNE FRANK NA BROADWAY

Munique e assistiu à encenação do diário, tão comentada pela crítica. Dois dias depois, Alfred Erich Sistig, da direção do teatro, escreveu a Otto Frank:

> Um silêncio comovido reinou — como de costume — após se fecharem as cortinas ao final da última cena. O professor Heuss, visivelmente emocionado pelo efeito da peça, foi à coxia, onde lhe apresentei os atores envolvidos. Em uma conversa, o presidente manifestou seu apoio incondicional à peça e sua encenação. Nesse drama não são proferidas proclamações pomposas nem discursos antinazistas patéticos e superficiais. Exatamente por causa da representação realística e livre de todo comentário programático em relação à sina e ao padecimento do povo judeu sob a ditadura nazista é que a peça tem um efeito tão contundente de alerta. A encenação do festival de teatro de câmara foi, segundo ele, uma interpretação beneficamente pouco teatral, repleta até o último coadjuvante de potência de convencimento humano, tendo impressionado profundamente a ele e ao público geral.

O presidente teria também se pronunciado elogiosamente sobre "a eficácia da música de fundo na constituição de uma atmosfera cênica", acrescentou o diretor do teatro com algum cuidado. Além disso, ele explicou ainda a Otto Frank, mais adiante, num apêndice da carta, a forma e a função das duas canções nazistas criticadas por serem tocadas na apresentação de Munique.

Com o elogio do representante máximo, a crítica se calou. Otto Frank estava satisfeito. A companhia de teatro fez sua parte, e a associação local de proteção animal já não precisava se preocupar.

No entanto, a visita do presidente tinha um valor simbólico mais poderoso. O primeiro presidente alemão, Theodor Heuss, nascido em 1884 em Brackenheim, próximo a Heilbronn, um político da República de Weimar, cunhara já em dezembro de 1949 o conceito de "vergonha coletiva" em relação aos crimes dos alemães e explicava pacientemente e com cuidado o conceito a seu povo. Nunca de modo excludente, sempre incluindo a si mesmo. Afinal, ele pertencera aos deputados do partido burguês no Reichstag — representando o liberal Deutsche Demokratische Partei (DDP), Partido Democrático Alemão — que, em março de 1933, votaram a lei de concessão de plenos poderes a Hitler antes de se recolherem ao exílio interno. Peter Merseburger mostra em sua biografia de Theodor Heuss como esse pecado mortal foi determinante para o resto do percurso de vida e as decisões políticas de Heuss. Ele aconselhou ao chanceler, no verão de 1951, que "fizesse algo de significativo", por parte do governo, em prol da relação entre alemães e judeus. Algumas semanas depois, Konrad Adenauer proferiu uma declaração do governo sobre a "postura da República Federal da Alemanha em relação aos judeus", em frente ao

ANNE FRANK NA BROADWAY 121

Parlamento alemão em Berlim, o Deutscher Bundestag. Nela, ele preparava as negociações de restituição entre os dois Estados recém-fundados: Israel e a República Federal da Alemanha. Em Bergen-Belsen, Theodor Heuss inaugurou em 30 de novembro de 1952 o memorial no terreno do antigo campo de concentração e fez um discurso contundente: "Aquele que aqui fala como representante alemão precisa confiar na liberdade interior de reconhecer a total barbárie dos crimes aqui cometidos por alemães."

Pode-se supor que a iniciativa de visitar a peça de teatro partiu do próprio Heuss. Ele foi um presidente apoiador de Anne Frank: culto, leniente, conhecido de Lambert Schneider e informado de seus lançamentos editoriais. Ele compreendeu de forma talvez intuitiva a relevância que essa peça teria naquela época. O jornal *Münchner Abendzeitung* reportou acertadamente em 29 de outubro de 1956 que "a encenação pouco teatral e bastante contundente no festival de teatro de câmara" trouxera ao presidente "e ao público geral, de forma especialmente intensa, a atmosfera dos anos de guerra".

A peça rodou o mundo ano após ano: foi encenada no Brasil, na Dinamarca, França, Itália, Polônia, Portugal, Romênia, África do Sul, Tchecoslováquia, Espanha, Suécia e Hungria.

Estranho é, entretanto, o fato de que essa peça, que saiu da Broadway para comover o mundo inteiro, tão assistida e tão comentada na Alemanha, praticamente saiu de cartaz após poucos anos.

"ANNE FRANK NOS ESTADOS UNIDOS"

Em outubro de 1955, uma jovem senhora vai a uma apresentação esgotada no Cort Theatre. Fora enviada por Philip Roth. "Nossa dúvida é nossa paixão, e nossa paixão é nosso dever. O resto é a loucura da arte." As frases de Henry James sobre a loucura na arte são o credo do famoso escritor estadunidense Philip Roth. Durante os dois últimos meses de 1978, ele lutou com o tema de seu romance *O escritor fantasma*, mas sobretudo com uma personagem nele: Amy Bellette.

Ela vive com o célebre escritor E. I. Lonoff e a mulher dele em Stockbridge, um rincão da Nova Inglaterra, região dos Estados Unidos, e parte de lá para Nova York em uma manhã para assistir a uma apresentação vespertina de *O diário de Anne Frank*. A viagem deveria ser apenas um passeio curto ao teatro. À noite ela quer estar de volta a Stockbridge, onde foi uma visita por muito tempo, mas agora já se sentia quase em casa. Na manhã seguinte, Amy liga aos prantos para Lonoff e conta ao amigo paternal que não suportou as outras pessoas chorando no teatro, em seus casacos de pele. Após a peça, ela decidiu alugar um quarto de hotel para deixar passar o efeito da ida ao teatro. Lonoff parte imediatamente para Nova York e lá descobre toda a verdade: Amy Bellette é Anne Frank. Ela sobreviveu.

No romance, a SS amontoa uma dúzia de crianças moribundas no campo de concentração e as esconde embaixo

ANNE FRANK NA BROADWAY

de uma coberta de lã para enganar os aliados, que já se aproximavam, em relação à real dimensão da desumanidade ali. As tropas inglesas rapidamente liberam o campo e as terríveis fotos de lá correm o mundo. As crianças sobreviventes do horror são deslocadas pelos ingleses para um hospital de campanha. "Little Beauty", "Belinha", era como as enfermeiras chamavam Anne. Disso surgira o nome Amy Bellette: o nome "Amy" tinha sido tirado pela jovem menina de um livro infantil estadunidense que a tinha feito chorar, o sobrenome vinha de seu apelido. Ela descobrira por acaso que seu pai tinha voltado com vida por meio de um artigo na *Time Magazine* que falava sobre o diário, *Het Achterhuis* [O Anexo], e a peça de teatro, trazendo uma foto do comerciante sexagenário que tinha ido de Amsterdã para a Suíça. Tudo relativo a Anne Frank, sua vida e morte, é mencionado por Philip Roth com precisão minuciosa.

Após ter vivido três anos com uma família adotiva na Inglaterra, Amy emigra completamente sozinha para os Estados Unidos. "Depois de Belsen, pensava ela, era melhor ter um oceano do tamanho do Atlântico entre si e aqueles que ela precisava e queria esquecer." Era a história da vida, da inacreditável sobrevida, da finada Anne.

Em seguida vinha a parte da história que certamente parecia improvável para Lonoff. Ela mesma não achava, de forma alguma, estranho que as pessoas pensassem que estivesse morta, apesar de ainda estar viva; ninguém que tivesse vivido o caos daqueles últimos meses — os bombardeios dos aliados por toda parte, a SS em fuga — descreveria sua morte como improvável. Quem quer que afirmasse ter visto seu corpo em Belsen ou a teria confundido com sua irmã mais velha, Margot, ou suposto que ela estivesse morta após tê-la visto deitada em coma por tanto tempo, ou a teria visto ser levada por um *kapo*,[12] praticamente morta, em um carrinho de mão.

Um dia, a Amy estadunidense — Anne — encomenda dos Países Baixos exemplares da edição original de seu próprio diário, *Het Achterhuis* [O Anexo], e os recebe. Philip Roth deixa sua heroína contar a própria história, as coisas difíceis de se acreditar, as condições de vida dos escondidos no cômodo secreto dos fundos, as esperanças após a invasão dos aliados na Normandia, o desespero, a importância de Kitty, a autoimagem de Anne como autora.

Philip Roth, nascido em 1933 em Newark, se sentia como contemporâneo de Anne e se dedicou por anos ao diário e à sua história, cujas etapas foram elencadas detalhadamente em seu romance. Seu biógrafo, Blake Bailey, chega a falar de uma "obsessão de Roth por Anne Frank" e lista títulos que o autor levara em consideração para seu romance, mas acabara

---

12 Nos campos de concentração nazistas, *kapo* era o termo para designar um prisioneiro-funcionário que atuava como responsável por supervisionar o trabalho forçado de outros prisioneiros ou executar tarefas administrativas. [*N. da E.*]

ANNE FRANK NA BROADWAY

rejeitando: *A Businessman's Sorrow (Anne Frank in America)* [A dor de um empresário (Anne Frank nos Estados Unidos)], *The Diary of Anne Frank's Contemporary* [O diário de um contemporâneo de Anne Frank]. Afinal ele se decidiu por *O escritor fantasma* (no original, *The Ghost Writer*), um título bastante sutil, irônico e sério. Ele alude tanto ao fantasma que escreve o romance como ao próprio autor, que faz uma espécie de *ghostwriting* ao emprestar sua voz a uma pessoa falecida. Philip Roth via na menina algo como "uma santa judia". Será que Roth estava sendo irônico? Ou irônico consigo mesmo? Ou falava sério? Não é possível discernir isso em seu romance. A verdadeira obsessão do romancista consistia no fato de que ele tinha deixado Anne Frank viver para que ele e seus leitores refletissem sobre a morte dela.

Os Frank não eram uma família judia religiosa, como Roth faz questão de destacar com seu narrador. Eles às vezes cantavam uma canção pelo Hanucá, acendiam velas e recitavam orações em hebraico por ocasião de algum feriado. Eles praticamente não se diferenciavam de seu entorno, daqueles que liam o diário ou assistiam às suas adaptações nos palcos. Era exatamente isso que dava a força de *O diário de Anne Frank*, escreve Roth, fazendo o pesadelo se tornar realidade para os leitores:

> Seria estupidez esperar que o vasto mundo de coração endurecido e indiferente se importasse com filhos de

um barbudo religioso vivendo em meio a rabinos e rituais. A terrível situação dessa família mal afetaria as pessoas comuns, desprovidas da capacidade de tolerar as pequenas e as menores diferenças.

Em outras palavras: o sucesso do diário está relacionado ao fato de que essa família de judeus não parecia tão judia. Nesse aspecto, Philip Roth adota a perspectiva de Meyer Levin de forma modificada. A posteridade ignorava muito facilmente o fato de as pessoas que se esconderam no anexo dos fundos do prédio terem sido excluídas, perseguidas e, por fim, com exceção de Otto Frank, mortas por serem judias.

Caso se descobrisse que a autora de *Het Achterhuis* [O Anexo] ainda estava viva, a obra não seria nada além do que de fato era: o diário de uma adolescente sobre os difíceis e lamentáveis anos na clandestinidade durante a ocupação dos Países Baixos pelos alemães, algo que meninos e meninas poderiam ler à noite antes de dormir, junto às aventuras da família suíça Robinson.[13] Morta, porém, ela tinha mais a oferecer do que diversão para jovens entre 10 e 15 anos; na condição de morta, ela tinha, mesmo sem querer ou tentar, escrito um livro que possuía a força de finalmente abrir os olhos das pessoas.

---

13 Referência ao romance *Der Schweizerische Robinson* [Os Robinson suíços], do autor Johann David Wyss, que narra as aventuras de uma família suíça que naufraga nas Índias Orientais. [*N. da E.*]

ANNE FRANK NA BROADWAY 127

E depois, o quê? — é a pergunta que Philip Roth coloca na boca de Amy. O que aconteceria quando as pessoas finalmente tivessem entendido?

"A única resposta realista é: nada."

Amy por vezes sente o ímpeto de telefonar para seu pai e, após anos, finalmente lhe dizer que está viva. "Mas ela era jovem e forte e estava vivendo uma grande aventura, por isso não fez nada para comunicar a ele ou a alguma outra pessoa que estava viva; até que um dia tinha se tornado simplesmente tarde demais." Multidões de pessoas iam à casa na rua Prinsengracht para visitar o quartinho escondido; o esconderijo agora era "um santuário, um muro das lamentações". E Amy chega à conclusão: "Era tarde demais para estar viva. Agora eu era uma santa."

Essa é a confissão de Amy (Anne) em *O escritor fantasma*. Ou teria sido o que Lonoff, o autor tão famoso em 1955, alegara ser a confissão dela? Ou talvez Nathan Zuckerman, o jovem escritor esperançoso que em dezembro daquele mesmo ano parte para encontrar seu ídolo Lonoff e acaba sendo testemunha involuntária, mas interessada, da paixão entre Lonoff e Amy? Ou teria o dr. Boyce, psiquiatra de Lonoff, exercido a influência decisiva nesse caso? E qual seria o real interesse do professor na Universidade de Boston em que Amy estudava escrita criativa?

Philip Roth deixa essas questões em aberto. A precisão histórica paira ao lado da imaginação, o sagrado ao lado do profano, o amor ao lado do ódio, a paixão ao lado da indiferença. E não deveria ser diferente.

A Amy — Anne — secular ama o autor Lonoff, que tem aproximadamente a idade de seu pai, de quem ela sente falta, mas a quem não telefona para dizer que está viva. Ela chama seu amante de "Manny" ou "Dadda" (próximos da palavra *daddy*, "papai" em inglês):

> "É óbvio que eu amo o Dadda em você, como não o amaria? E se você ama a criança em mim, por que não deveria? Não há nada de estranho nisso — metade do mundo sente a mesma coisa. O amor tem de começar em algum ponto e, para nós, ele começa ali. E quanto à questão sobre quem eu sou... Bem", disse Amy com uma voz tão doce e insinuante como ele nunca tinha ouvido, "alguém a gente tem de ser, não é? Não se pode fugir disso."

No fim, por amor ao seu autor, Amy se torna Anne Frank. "Quero ser *sua* Anne Frank", confessa ela em um determinado ponto. E Amy Bellette, na Nova Inglaterra, traz ao mundo algo que não combina nada com a imagem convencional da menina de Amsterdã: ela sente ódio por seus milhões de leitores. Ela quer vingança por conta de sua vida destruída.

Ao final do romance, Nathan Zuckerman olha de relance para o antebraço de Anne, no qual, segundo ela relatara, há a tatuagem de um número, feita no campo de concentração, que ela transformara em uma cicatriz. A pele não apresenta

ANNE FRANK NA BROADWAY 129

cicatriz nenhuma. O romance se encerra com uma cena furiosa: Hope, a mulher traída, abandona enfurecida a casa em Stockbridge, cedendo o lugar a Amy. Lonoff tenta impedi-la.

Com essa passagem colérica, Anne Frank retorna à literatura mundial. Quando Philip Roth escreveu seu romance, no final dos anos 1970, a peça dos Hackett já não era mais encenada. A passagem de Anne Frank pela Broadway tinha se tornado história — a história de um sucesso inacreditável. Talvez tenha sido exatamente essa circunstância que levou Philip Roth a deixar Anne Frank sobreviver ou, antes, viver, para colocar em perspectiva a posteridade da Anne Frank morta pensando em nós, leitores e público do teatro. Como nenhum outro autor, Philip Roth tomou a liberdade de deixar Anne Frank viver para que a falecida pudesse se evidenciar. "Anne Frank nos Estados Unidos" quer dizer "Anjo nos Estados Unidos". Em algum lugar esse anjo haveria de estar.

"A TÍTULO DE PREFÁCIO"

Com a publicação do diário de Anne Frank, um gênero textual até então pouco considerado se destaca: o prefácio. Redigido por outra pessoa, ele se situa no início de um livro. Todas as primeiras edições do diário possuem um prefácio. A primeira edição neerlandesa é acompanhada de um prefácio de Annie Romein-Verschoor, mencionada aqui anteriormente. Ela enfatiza que Anne Frank não fora uma criança prodígio, mas a testemunha de uma época, como outras. A historiadora confirma a autenticidade do diário e de seu teor documental quase já como um testemunho canônico da ocupação de Amsterdã. A edição estadunidense traz um prefácio de Eleanor Roosevelt, a viúva do ex-presidente dos Estados Unidos, que através de décadas de engajamento político e social construiu um nome para si mesma. Isso gera a impressão de que os relatos de uma menina judia, escondida na Amsterdã ocupada pelos nazistas, não bastavam para a editora estadunidense e para Otto Frank, como se eles precisassem de uma legitimação externa. A edição alemã de 1950 era introduzida por um prefácio da política Marie Baum e, alguns anos mais tarde, recebeu o prefácio do pastor e escritor Albrecht Goes: "A título de prefácio".

Como explicar essa troca constante dos autores dos prefácios nas edições alemãs? Qual o significado desses prefácios? Por que um dos livros de maior sucesso no mundo precisaria deles?

Ao respondermos essas perguntas simples, precisamos ter em vista que são exatamente livros desconhecidos que recebem um prefácio, títulos que acreditam que possam vender mal ou receber pouca atenção sem esse apoio. Ou então algumas considerações objetivas determinam a decisão, quando as editoras, os autores e os profissionais da edição acreditam que suas publicações precisam de um esclarecimento, um prolongamento, uma explicação para serem compreensíveis para o público, ou seja, precisam de uma estrutura. Por vezes, acontece de serem as duas coisas. E, sobretudo quando são nomes de celebridades que assinam o prefácio, os envolvidos criam, por conta dessa escolha editorial, uma expectativa maior do que seria possível atender e o esforço acaba se mostrando inútil. Naquela época, essa dinâmica não era tão diferente da atual, visto que as editoras buscam *blurbs*, textos curtos de apresentação com a função de ajudar na promoção do livro, pequenas notas publicitárias para dar um empurrãozinho na divulgação.

"A TÍTULO DE PREFÁCIO" 133

Nesse sentido, Otto Frank e Lambert Schneider consideraram Theodor Heuss como autor de um prefácio sem levar em conta que um presidente não poderia simplesmente promover um livro por meio de um prefácio, uma vez que a obra continuaria tendo fins comerciais. Tampouco o poderiam fazer a rainha ou a princesa herdeira dos Países Baixos. Portanto, a escolha teve de ser outra.

AMPARO

Marie Baum era cientista política e ocupara vários cargos políticos. Nascida em 1874, em Gdansk, ela primeiramente se formou como técnica em Química, tornando-se inspetora comercial no antigo grão-ducado de Baden em 1902. Lá ela vivenciou as abomináveis condições de trabalho das mulheres nas fábricas e passou, a partir de então, a se engajar por uma melhoria das condições de vida e de trabalho. Surgia, assim, todo um ramo de teoria e práxis, de pesquisa e aplicação: Marie Baum coordenou a partir de 1917 a recém-fundada "Escola de Mulheres e Centro Sociopedagógico", tendo atuado como parlamentar pelo Partido Democrático Alemão (DDP) de 1919 a 1920, na assembleia nacional em Weimar, e por pouco tempo como parlamentar no Reichstag. Em 1925, ela funda, junto a outras pessoas, a academia alemã pelo trabalho feminino social e pedagógico, em Berlim. A partir de 1928, ela leciona bem-estar e amparo

134   THOMAS SPARR

social e se dedica à fundação do sistema de assistência social estadual de Baden.

Em 1933, Marie Baum perdeu sua licença para dar aulas, trabalhando informalmente para sobreviver no Terceiro Reich com contratos de docência e pesquisa até voltar a Heidelberg, após a Segunda Guerra Mundial, e retomar seu engajamento sociopolítico. Após a guerra, Heidelberg se tornou um centro de reorientação intelectual, de reflexão e de reconstrução, um pedaço da República de Weimar no qual era possível, por meio de contatos individuais e conexões, se vincular à universidade, às editoras e redações. Foi lá que Marie Baum encontrou Alexander Mitscherlich, o iniciador de uma vertente da Psicologia social que estudava configurações na sociedade e que conseguiu, junto de Margarete Mitscherlich, descrever com precisão a sociedade alemã do pós-guerra com seu livro *Die Unfähigkeit zu trauern* [A incapacidade do luto]. Foi também em Heidelberg que Marie Baum encontrou Lambert Schneider, que pediu a ela, então já com 71 anos de idade, que escrevesse o prefácio do diário que ele havia editado. Dessa forma, Anne Frank ficou sob os cuidados de uma profissional do amparo — sem nenhuma ironia, que afinal não caberia nesse contexto. Marie Baum já se dedicava profissionalmente ao estudo das consequências físicas e mentais de uma infância e uma adolescência durante o nazismo, e isso em uma época em que nem mesmo existiam termos para aquilo que crianças e jovens passavam e sofriam nos países ocupados pela Alemanha; como, por

"A TÍTULO DE PREFÁCIO" 135

exemplo, diferenciar crianças agressoras de crianças vítimas de agressão, quais pontos tinham em comum e o que
as diferenciava. *O diário de Anne Frank* era, naquela época,
um primeiro testemunho exatamente dessa geração. Após
prefácios em neerlandês e francês, Marie Baum escreveu o
terceiro deles, em alemão.

Ela menciona duas linhas independentes desse *document
humain*, ou seja, um testemunho da condição humana: "O
destino estarrecedor de uma família 'clandestina' e a vida
psíquica de uma criança talentosa." Em seu prefácio, ela
enfatiza exatamente essa vida psíquica de forma cuidadosa
e próxima do desenvolvimento feminino. A precocidade
de Anne teria sido por vezes amedrontadora "e deveras
singular em uma moça tão jovem, a capacidade de observar e dissecar racionalmente a própria vivência passional,
ao mesmo tempo que coloca, porém, por meio da vontade,
essa vivência sob a exigência do crescimento interno". Nesse
processo, ela não deixa de refletir sobre as circunstâncias
históricas: "Uma vez mais recai sobre nós como um terrível
lastro a culpa inexpugnável da perseguição aos judeus."
Esta permanece, entretanto, a única menção à história do
surgimento do texto que se seguia.

Para Marie Baum — fiel à sua disciplina pedagógica
—, o foco eram os "anos de desenvolvimento de Anne,
importantes, como para toda pessoa jovem, mas especialmente relevantes para uma criança com tal inclinação e nas

circunstâncias dadas". A pesquisadora interpreta Kitty, a amiga fictícia, como "o amor profundo pelo pai" e descreve como "o distanciamento da mãe, o conhecido problema da fase de transição", se desenvolve "com toda intensidade". Além disso, ela descreve três caminhos da adolescente: os trabalhos escolares, que continuaram no esconderijo, e nos quais sobretudo a História a interessava como matéria; o amor da menina pela natureza, da qual ela se viu quase completamente isolada durante a clandestinidade — Anne escreve que se sentia como um pássaro canoro a quem tivessem cortado as asas, a se bater no escuro contra as grades da gaiola; e, por último, a crença de Anne Frank, suas dificuldades com esse aspecto, sua luta interior, sua ânsia pela "confiança em Deus".

Tudo isso representa uma grande parte do diário. Marie Baum cita uma passagem do diário, traduzido para o alemão por Anneliese Schütz:

> Uma pessoa pode chorar ao pensar no seu próximo; na verdade, pode passar o dia inteiro chorando. O máximo que se pode fazer é rezar e pedir a Deus um milagre que poupe alguns deles. Eu espero estar rezando o suficiente!

E Marie Baum encerra seu prefácio de uma forma que só achariam risível aqueles que ignorassem a perspectiva da assistente social, cujos olhos viram tanta coisa:

"A TÍTULO DE PREFÁCIO" 137

Pobre criança! Pobre Anne! O rebento, do qual se esperavam botões e frutos, foi arrancado. Restaram as raízes, que contemplamos nessas páginas, com ternura e terror.

Para a edição britânica do diário, dois anos mais tarde, o encargo do texto promocional também foi dado a um psicólogo infantil, Emmanuel Miller, cujo prognóstico, entretanto, se mostrou completamente equivocado:

> Apesar de o livro ter sido escrito por uma jovem moça, provavelmente não será lido por adolescentes. Acreditamos que ele será interessante para pais e para todos os que se interessarem pelas questões da adolescência. O livro é de uma honestidade ímpar e retrata as mazelas e alegrias da puberdade de forma autêntica.

O PRÊMIO DA PAZ

No domingo, 27 de setembro de 1953, do encerramento da Feira do Livro de Frankfurt, os chefes de Estado e da sociedade civil, encabeçados pelo presidente alemão Theodor Heuss, se encontraram com livreiros e editores para a entrega do Prêmio da Paz do Comércio Livreiro da Alemanha a Martin Buber. Desde 1950, essa condecoração era conferida em honra a "méritos pela paz, pela humanidade e pelo entendimento entre os povos". O Prêmio da Paz tinha sido criado por uma categoria profissional que, durante doze anos, servira aos interesses do nazismo de forma especialmente insidiosa. Os editores, livreiros e bibliotecários de Hitler que tinham, a partir de 1933, colaborado para a usurpação da intelectualidade alemã agora enviavam uma mensagem de conciliação e entendimento nacional e internacional, mas queriam também liberar a literatura alemã, então isolada, do exílio pelo qual a própria Alemanha fora culpada. Nenhuma outra instituição cultural na Alemanha estabeleceu uma continuidade como esse prêmio, cuja cerimônia de entrega permanece idêntica há mais de três quartos de século: cumprimentos por parte do prefeito ou prefeita da cidade de Frankfurt am Main, do ou da representante da Associação dos Editores e Livreiros da Alemanha, um discurso laudatório, a entrega do prêmio e os agradecimentos da pessoa premiada. Em seguida, um almoço festivo no restaurante Frankfurter Hof. Por vezes beirando o sagrado, solene, e sempre festivo, o encerramento da Feira do Livro acontece assim há mais de setenta anos, na Paulskirche (Igreja de São Paulo). Nos primeiros anos, era de bom-tom que o presidente federal comparecesse. Sempre que acontecia um escândalo, como o de Martin Walser, isso continuava a influenciar por décadas a compreensão do nazismo — em 1998, Walser tinha usado com estardalhaço o argumento da "clava moral de Auschwitz".

O primeiro "Prêmio da Paz dos Editores da Alemanha", como era inicialmente chamado, foi concedido em 1950, em Hamburgo, ao editor judeu Max Tau, que vivia em Oslo; o

"A TÍTULO DE PREFÁCIO"   139

segundo, em 1951, na Paulskirche — local que se tornaria fixo para a cerimônia —, ao teólogo Albert Schweitzer, diretamente de Lambaréné, no Gabão, "pelo trabalho com os pobres e debilitados em prol da paz"; e o terceiro, no ano seguinte, a Romano Guardini, filósofo da religião. Nenhuma das premiações foi tão controversa e cercada de tensões como a de Martin Buber, o primeiro cidadão israelense a receber o prêmio. No recém-criado Estado judeu, houve uma onda de indignação em relação ao fato de Martin Buber, com sua autoridade mundialmente reconhecida de intelectual e escritor, aceitar receber esse prêmio da Alemanha, assim como, poucas semanas antes, o prêmio hanseático Goethe, em Hamburgo. A resistência contra negociações com o Estado ocidental alemão era grande, e ocorreram manifestações furiosas nesse sentido em Jerusalém e Tel Aviv. Mesmo assim, Martin Buber, então com 75 anos, pôs-se com sua mulher, Paula, a caminho da Alemanha, que ele havia deixado relativamente tarde, em 1938 — e que, diplomaticamente, era território não reconhecido por Israel. Não havia representação israelense na Alemanha e o passaporte do país não era válido nem para a República Federal nem para a RDA.

Martin Buber mencionou essa contradição logo no início de seu discurso em Frankfurt:

> Há cerca de uma década, um grande número de pessoas alemãs — devem ter sido por volta dos milhares — assassinaram, sob comando indireto do governo do Reich

alemão, sob o comando direto de seus encarregados, milhões de meus irmãos de origem e de fé em um procedimento sistematicamente preparado e implementado com tamanha crueldade organizacional, que nenhuma ocorrência histórica anterior pode se comparar a ela. Eu, um dos judeus sobreviventes, tenho apenas aparentemente a dimensão da existência humana em comum com aqueles que desempenharam alguma função nesse processo; eles se afastaram tanto da dimensão humana, em uma esfera de desumanidade monstruosa tão inacessível à minha capacidade de concepção, que não é possível falar de ódio, muito menos de superação do ódio, em mim. E quem sou eu para ter aqui a presunção de "perdoar"?!

Provavelmente pela primeira vez após 1945, um dos "judeus sobreviventes" se dirigia diretamente ao povo alemão como um todo e de forma oficial. Ele delimita diferenças:

Quando penso no povo alemão dos dias de Auschwitz e Treblinka, vejo primeiramente muitos que sabiam que a barbárie estava acontecendo e não se revoltavam; porém, meu coração, consciente das fraquezas humanas, se recusa a condenar meus próximos por não terem sido capazes de se tornarem mártires. Nesse momento aparece em mim a multidão, surge frente a mim a multidão de todos aqueles para os quais os fatos omitidos

"A TÍTULO DE PREFÁCIO"   141

do público permaneceram desconhecidos, que, porém, tampouco fizeram algo para ficar sabendo da realidade a que os boatos em curso se referiam; quando penso nessa multidão, sou tomado pela ideia de um medo, por mim igualmente bem conhecido, da criatura humana em relação a uma verdade que ela teme não conseguir aguentar. Por fim, aparecem relatos confiáveis de semblantes, posturas e vozes, como amigos que já se tornaram familiares, que se recusaram a cumprir a ordem ou repassá-la e que pagaram com a morte ou a ela se entregaram. [...] Vejo essas pessoas bem perto de mim, naquela intimidade especial que nos une aos mortos e apenas a eles; e no meu peito reina a veneração e o amor por essas pessoas alemãs.

Essas palavras devem ter feito bem a um público que incluía, naquele último domingo de setembro de 1953, todos os grupos mencionados: os obedientes executores de Hitler, a quem Buber não queria mais se dirigir, o grande grupo dos que sabiam, assim como o daqueles que não queriam saber, além do menor grupo de todos, daqueles que tinham exercido resistência. *Resistenzler*, como ainda são orgulhosamente chamados em Luxemburgo. Uma dessas pessoas estava sentada no público: Elisabeth Goes, a esposa de Albrecht Goes, um pastor de Württemberg. Enquanto seu marido servia como pastor militar, ela abrigava na casa pastoral judeus disfarçados de refugiados de bombardeios de Berlim. Nada disso foi revelado em 1953; somente em 1991 Elisabeth Goes foi integrada ao Yad Vashem, o memorial de mártires e vítimas do Holocausto, com o título de "Justa entre as Nações".

De forma secreta e especial, Anne Frank esteve presente em Frankfurt naquela manhã de domingo. Martin Buber e ela tinham o mesmo editor, Lambert Schneider, e o tema abordado por Buber era o diálogo entre alemães e judeus e o potencial de livros para a promoção de um diálogo, para a tarefa política de reflexão sobre a culpa dos alemães e sua responsabilidade pelo nazismo. Era de fato um círculo de Heidelberg, representado por Heuss, pela editora Lambert Schneider e a universidade. E o responsável pelo discurso laudatório naquela edição do Prêmio da Paz era Albrecht Goes, que logo em seguida escreveu o prefácio de *O diário de Anne Frank*. Um elogio em dose dupla.

Com a aceitação dos dois prêmios no início dos anos 1950 — o Prêmio Goethe e o Prêmio da Paz —, Martin Buber quis passar uma mensagem. O condecorado não chegou a ficar sabendo que décadas mais tarde o hanseático Prêmio Goethe teve de ser descontinuado, pois descobriu-se que seu fundador, o comerciante de grãos Alfred Toepfer, de Hamburgo — a quem Buber tinha encontrado em 1953 na cerimônia de entrega do prêmio na cidade hanseática —, tinha sido tão envolvido no nazismo, que outras pessoas não quiseram mais aceitar a honraria, e o instituto que ele havia fundado não pôde mais conceder o prêmio.

DAS BRANDOPFER, O HOLOCAUSTO

Elisabeth Goes tinha influenciado, ou até determinado, a obra de seu marido como nenhuma outra mulher do período pós-guerra — e como nenhum marido influenciara uma escritora. Em 1954, um ano após a premiação em Frankfurt, foi lançado pela editora S. Fischer o romance de Albrecht Goes *Das Brandopfer*,[14] a história de Margarete Walker, mulher de um açougueiro do sul da Alemanha a quem as autoridades nazistas impõem a tarefa de entregar a cada sexta-feira, entre 17 e 19 horas, as ínfimas porções de carne destinadas à "população não ariana", ou seja, aos judeus do lugar. Ela se torna a *Judenmetzig*, açougueira dos judeus, e presencia, assim, a escalada de terror, perseguição e supressão de direitos ao seu redor, ou seja, "a vida às margens", como ela a denomina. Ela presencia também em seu açougue, último refúgio dos judeus, a oração do Shabbat como uma testemunha atenta e sensível:

> Eu já disse ao senhor que eu não sabia praticamente nada sobre os judeus. Só quando começaram a me aparecer toda sexta-feira essas lamentações é que eu fiquei sabendo. E entendi o lugar de cada um e percebi o que tinha de ser feito. O que deveria ser feito, quero dizer; o

---

14 Literalmente, "o sacrifício pelo fogo" ou "o holocausto", no sentido primeiro de sacrifício praticado pelos antigos hebreus, em que a vítima era inteiramente queimada. [*N. da E.*]

que realmente deveria ser feito, isso eu entendi bem rápido. Mas não foi feito por nenhum de nós. Bastava-nos, quando tudo ia bem, apenas tapar o sol com a peneira.

Margarete Walker luta internamente consigo mesma e fica sabendo do destino de sua subinquilina "metade judia" em seu prédio, Sabine Berendson. Ela escreve em uma longa carta sobre a vida das outras pessoas:

Esse é o mundo. Essa é a face grotesca do poder. Esses são os destroçados, os que são passados no moedor de carne. E essa é a possibilidade ínfima e maravilhosa do ser humano. Pode-se passar um papel de embrulho com uma mensagem dentro. Pode-se dar um pedaço de bolo a duas crianças. E, por último, cuidar de um carrinho de criança — isso também pode ser feito. Uma hora de confiança, um respiro de paz. Não havia no mundo uma rua coberta de pétalas de cerejeira que projetasse tanta luz nos espíritos libertos quanto entrar pela porta da açougueira dos judeus, empilhando seus cubos de caldo de carne, muitas vezes sem ter nada a oferecer além de carne bovina cheia de ossos e nervos.

Quando, por causa de um bombardeio, a casa e o açougue pegam fogo, Margarete, a açougueira simples com uma vida difícil, decide intuitivamente deixar uma marca contra a injustiça e permanece no prédio. Ela acaba sendo salva,

FOTOGRAFIAS

Imagens possuem uma importância fundamental em relação ao modo como o diário é lido, apresentado, divulgado ou contado: fotos que mostram a menina à escrivaninha; fotos de família, muitas das quais foram preservadas pela família Frank na Suíça; fotos do edifício na rua Prinsengracht, do esconderijo no anexo, de Amsterdã, de Frankfurt am Main e da rua Merwedeplein; retratos das amigas de Anne Frank.

A imagem de Anne Frank estampa selos, dá forma a esculturas, inspira adaptações artísticas. Ela pode ser vista em filmes e nos palcos. O Arquivo Otto Frank dispõe de milhares de fotografias do acervo familiar, que sobreviveram ao período da guerra porque uma parte delas chegou à família Frank na Suíça.

Imagens formam uma memória, uma iconografia de Anne Frank e seu diário. Elas contam sua história novamente ou pela primeira vez, enfatizam um aspecto ou mesmo o revelam. Elas são familiares e frequentemente vistas, fatigam os olhos ou os despertam. Elas constituem a pluralidade da história contada.

CAPAS DE EDIÇÕES

A edição israelense do diário de Anne Frank foi publicada em 1953, em Tel Aviv. Era um período de escassez e penúria. Alimentos ainda eram em parte racionados, o papel, contingenciado. O país acolhia muitos imigrantes, a maioria deles sobreviventes de perseguição e expulsão. A economia ainda precisava crescer no jovem Estado judeu; investimentos eram extremamente necessários, mas poucos eram feitos. Em Tel Aviv, havia a editora Schocken e, em Jerusalém, a editora Jüdischer que, expulsa em 1938 de Berlim, tinha se estabelecido lá. Novas editoras de pequeno porte foram fundadas, como a editora Tarshish, de Moritz Spitzer. Esta publicara, em 1943, *Mein blaues Klavier* [Meu piano azul], de Else Lasker-Schüler. Algumas livrarias, como a de Ludwig Mayer, em Jerusalém, tinham feito seu nome bem cedo. No pequeno país surgia, no início dos anos 1950, uma tendência de design editorial, trazida por imigrantes sobretudo da Alemanha. Entre eles estava Moritz Spitzer, que tinha trabalhado nos anos 1930 com Lambert Schneider para a editora Schocken na Alemanha e, após sua emigração em 1938, trazia novas tendências para a tipografia e a ilustração de livros hebraicos.

A editora Karni, em Tel Aviv, tinha notado o diário de Anne Frank em 1952, por meio da edição inglesa do livro. Para a primeira edição em hebraico, que foi lançada no ano seguinte, foi escolhido o motivo mais simples possível: um desenho em linhas simples, representando Anne Frank em seu quarto, circundada por uma casa inteira, concentrada em sua escrita.

O diário de Anne Frank foi lançado, a partir de 1947, em todas as línguas do mundo e em formatos cada vez mais diversos.

A foto a seguir mostra: a primeira edição da editora Lambert Schneider, de 1950; a edição estadunidense de 1953; a edição francesa, *Journal de Anne Frank*, do mesmo ano, porém lançada antes da publicação da tradução alemã; e, por fim, um exemplar da editora Fischer. Essa última representou um enorme avanço na divulgação da obra.

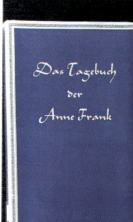
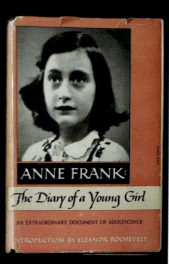
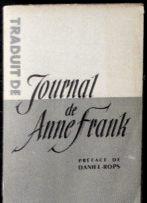

RETRATOS

A foto mais famosa de Anne a mostra à escrivaninha, sorrindo alegremente, cheia de satisfação em escrever e motivada a aprender. Essa foto foi utilizada pelo artista britânico-japonês Simon Fujiwara, nascido em 1982, em Londres, para uma instalação que exibiu em 2018, no antigo terminal Hamburger Bahnhof, em Berlim. Nela, via-se Anne Frank como escultura de cera em tamanho real; acima dela, duas telas mostravam em repetição contínua uma sequência de vídeo de vinte minutos. Em uma das telas, um braço mecânico interferia na cena. Os observadores se aproximavam da escultura com um semblante amigável, porém eram mantidos a distância pela instalação.

O ESCONDERIJO

Milhões de pessoas já visitaram a Casa de Anne Frank, na rua Prinsengracht, em Amsterdã. Nessa foto, Johannes Kleiman, um dos ajudantes da família durante a clandestinidade, mostra, nos anos 1950, a prateleira com pastas em frente à entrada do esconderijo.

Kleiman foi detido em 4 de agosto de 1944, assim como Victor Kugler. Após a guerra, Otto Frank relata a seu irmão: "Antes de sermos separados, [...] eu estava sentado ao lado de Kleiman e disse a ele que sua prisão era o preço pela ajuda prestada, e ele disse apenas: 'Não me arrependo.'" Kleiman foi libertado em setembro de 1944 por uma intervenção do Comitê Internacional da Cruz Vermelha. Ele assumiu os negócios da firma Opekta, inclusive após a mudança de Otto Frank para a Basileia em 1953. Nos anos antes da fundação do museu, ele foi ao mesmo tempo recepcionista-chefe e guia de visitantes na rua Prinsengracht, nº 263, onde faleceu, em 30 de janeiro de 1959, aos 63 anos, de um acidente vascular cerebral.

TEATRO

A "première suíça" da adaptação de O *diário de Anne Frank* aconteceu em 11 de outubro de 1956, em Zurique, paralelamente à estreia na República Democrática Alemã (RDA) e na República Federal da Alemanha, que se baseavam igualmente na versão de Frances Goodrich e Albert Hackett. Os livretos de apresentação das peças muitas vezes eram bastante elaborados, como o de Kurt Hirschfeld e Peter Löffler em Zurique, que continha "cartas a Anne Frank" escritas por estudantes e professores. O livreto trazia também uma carta do próprio Otto Frank, que a disponibilizara ao teatro. Nela, ele declara:

> Dar a permissão para a dramatização do diário foi para mim mais difícil do que permitir a publicação dele. A sra. Roosevelt, que escreveu o prefácio da edição estadunidense e com quem tive oportunidade de conversar em Nova York, teve uma grande influência nessa decisão. Ela apontou para o fato de que apenas um contingente relativamente pequeno de pessoas leem livros e que seria meu dever alargar ao máximo o círculo de pessoas que pudessem ter acesso ao legado de Anne.

E, para tanto, o teatro e o cinema seriam os meios mais adequados. Após muita consideração e conversas com escritores, a peça de teatro surgiu. Estou convencido de que ela cumpre uma missão, e essa é a única coisa que importa.

Em 8 de maio de 2014, ocorreu em Amsterdã a estreia mundial da peça teatral *Anne*, com a presença do rei Willem-Alexander e de Buddy Elias, o primo de Anne Frank, em um teatro especialmente construído para o espetáculo, no antigo porto de madeira da cidade. A peça, baseada no diário, foi escrita por Jessica Durlacher e Leon de Winter, com incentivo da Anne Frank Fonds. O autor e a autora, ambos judeus neerlandeses de segunda geração, desenvolveram um enredo no qual Anne Frank (interpretada na época pela atriz Rosa da Silva, então com 27 anos) conta sua vida a seu amigo Peter Schiff num bistrô em Paris. Projeções multimídia mostram o texto original no diário. A peça se passa em diferentes espaços, representando, assim, a passagem do tempo no esconderijo. O jornal alemão *Süddeutsche Zeitung* descreveu, em um comentário, a cena final:

> O cenário desolado mostra um meio do nada cinzento, embaixo de árvores onde pessoas exaustas se encolhem; entre elas, duas meninas encostadas uma na outra, e a mais jovem, sussurrando com as últimas forças, consola a irmã e a faz sonhar com um futuro bonito em Paris. Ao final da peça, fecha-se um círculo também no

plano ótico. Pois, no início, Anne sobe a Torre Eiffel, enquanto nas projeções de vídeo torres de vigilância irrompem no terreno cinzento. Por fim, ela deixa a cena sobre trilhos.

RETORNO

A foto mostra Otto Frank, em 3 de maio de 1960, no Anexo, no dia em que este foi inaugurado como museu.

AJUDANTES

Otto Frank em meio aos ajudantes Miep Gies (à frente, à esquerda), Johannes Kleiman (ao fundo, à esquerda), Victor Kugler (ao fundo, à direita) e Bep Voskuijl (à frente, à direita).
 Os funcionários da firma Opekta formavam o círculo de pessoas que supriam os escondidos com alimentos, notícias, livros e roupas, de 1942 a 1944. Todos arriscaram suas vidas e permaneceram até o fim delas ao lado do sobrevivente Otto Frank.
 Em 1973, eles foram homenageados pelo Yad Vashem com o título honorífico de "Justos entre as Nações".

VISITAS DE ESTADO

Otto Frank compreendeu o diário de sua filha desde o início como "matéria oficial e estatal", como um livro que pertencia aos cuidados de órgãos oficiais. Por essa razão, ele enviou os primeiros exemplares para a família real, que aceitou a responsabilidade. Na foto, a rainha Juliana vai juntamente da princesa herdeira Beatrix à estreia do filme sobre *O diário de Anne Frank* nos Países Baixos. Era de bom-tom que visitas de Estado por parte de reis e rainhas, chanceleres e primeiros-ministros aos Países Baixos passassem pela Casa de Anne Frank em Amsterdã.

O FOTÓGRAFO OTTO FRANK

Nos anos 1920, Otto Frank adquiriu uma câmera Leica e se tornou um fotógrafo apaixonado.

Nessa foto, ele retratou o núcleo familiar em Sils Maria, Suíça, provavelmente no início dos anos 1930: Anne, Edith e Margot.

O DIÁRIO

O caderno de capa xadrez foi presenteado a Anne em 12 de junho de 1942 por ocasião de seu 13º aniversário. Ela transformou esse presente em uma amiga a quem queria contar tudo. Algumas semanas mais tarde, a família mergulhou na clandestinidade. O caderno se tornou o diário da menina e sua marca de identificação no mundo inteiro.

Ela escreveu seus relatos nesse caderno e em outros, e os passou a limpo mais tarde em folhas avulsas. A rigor, são vários diários.

A LETRA DE ANNE

A você — assim espero — vou poder confiar tudo como nunca antes a mais ninguém, e espero que seja para mim um grande apoio.
Anne Frank. 12 de junho de 1942.

Essa primeira entrada de Anne Frank em seu diário foi reproduzida em várias edições. Mais tarde, a letra da menina passou por análises grafológicas para se comprovar, sem sombra de dúvida, que se tratava de fato da letra dela.

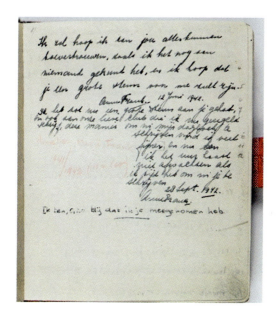

FILMES

Em agosto de 1959, chegava aos cinemas a adaptação do diário de Anne Frank como produção hollywoodiana, trazendo Millie Perkins no papel de Anne Frank, Joseph Schildkraut como Otto Frank, Gusti Huber como Edith Frank e Diane Baker como Margot Frank. A direção era de George Stevens. O filme foi premiado com três Oscars.

Essa foi a primeira de inúmeras versões cinematográficas do diário.

ONDE ESTÁ ANNE FRANK?

O filme de Ari Folman dá forma à figura imaginária de Kitty em nosso tempo presente. Ela tira o manuscrito do diário de sua amiga Anne do museu, onde ele ficava guardado com segurança reforçada, e começa a procurar por ela, achando que ainda está viva. Ao seu lado está o novo amigo, Peter. Eles percorrem Amsterdã, onde encontram refugiados e policiais que querem deportá-los. Imagens do passado e do presente se fundem. A animação do diretor de *Valsa com Bashir* (2008) aborda temas do diário e de seu desenvolvimento. Kitty descobre com surpresa o culto em torno de sua amiga Anne, cuja mensagem ela também traz para o presente. Ela se engaja em prol dos refugiados de Amsterdã que correm o risco de ser deportados.

Em 28 de setembro de 1942, Anne escreve em seu diário:

> Você tem sido até agora uma grande fonte de apoio, assim como a Kitty, a quem escrevo com regularidade. Mas esta maneira de escrever, em forma de diário, me agrada muito mais; ultimamente, quando tenho tempo, mal vejo a hora de pegar você para escrever.
>
> De verdade, mesmo, que alegria ter trazido você comigo!

Anne também levara Kitty consigo para o esconderijo, a amiga supostamente inspirada em uma personagem da série de livros infantis neerlandesa Joop ter Heul, de Cissy van Marxveldt. Kitty é, na verdade, o próprio diário.

EXPOSIÇÕES

Inúmeras exposições relembram até hoje o destino de Anne Frank, como, por exemplo, a exposição itinerante "O mundo de Anne Frank, 1929-1945", exibida no verão de 1989, na capital da RDA. A exposição foi acompanhada de placas adicionais do magistrado de Berlim para mostrar, como reporta o jornal *Berliner Zeitung,* em 20 de junho de 1989, que:

> [...] a memória de Anne Frank na RDA continua viva. Fotos e documentos comprovam que a discriminação de religião, raça ou origem é punida como crime na RDA. Atividades variadas, como a reconstrução da

sinagoga de Berlim, a manutenção de cemitérios judeus e o cultivo de tradições democráticas e antifascistas na educação das novas gerações complementam o conteúdo aqui exibido.

Não há fotos da família Frank após sua entrada na clandestinidade por motivos óbvios.

"A TÍTULO DE PREFÁCIO" 145

restando uma cicatriz em seu rosto que a lembrará para sempre de sua história de vida.

Como um dos primeiros autores da literatura do período pós-guerra — talvez o primeiro alemão —, Albrecht Goes escolheu como tema de sua obra a perseguição e o assassinato de judeus na Alemanha, e com sua obra *Das Brandopfer* já apontou para a designação que viria mais tarde: o Holocausto. Foi provavelmente a singularidade desse livro, publicado em 1954 e rapidamente foco de grande atenção, que levou a editora de Goes a pedir que ele escrevesse um prefácio para *O diário de Anne Frank*. Seu romance possui uma observação e um julgamento mais incisivos do que seu prefácio, assim como seu discurso laudatório a Martin Buber traz mais as palavras de um pastor do que as de um escritor ou historiador. O prefácio começa da seguinte forma:

> Volta e meia encontramos a menina Anne Frank pelo caminho — não com muita frequência, afinal a enorme inteligência, reflexividade, profundidade de sentimentos e precocidade encontradas nesses apontamentos de uma menina de 13 para 14 anos são bastante incomuns —, mas a fria precisão da observação humana e a determinação assustadora de manter vivo o senso de humor mesmo nos piores momentos, isso conhecemos bem: são atributos que fazem parte do senso de autopreservação de nossa geração.

Seria isso, porém, de fato verdade? Albrecht Goes nascera em 1908, era 21 anos mais velho, estando mais próximo da geração dos pais da família, que tinham vivenciado de perto a Segunda Guerra Mundial e sua mentalidade. Anne Frank se entendia como jovem autora neerlandesa. O que Albrecht Goes quer dizer com "nossa geração"? Anne Frank não seria exatamente uma voz excepcional comparada às vozes dos de sua idade ou mais velhos? Não seria exatamente essa excepcionalidade que distinguiria o diário dela? O conteúdo desse prefácio é, em todo caso, esparso e decepcionante comparado ao romance do autor. A censura da RDA vetou a publicação do prefácio em função de uma continuidade histórica mencionada por Albrecht Goes no final. O que ele escreve pode ser considerado uma relativização do nazismo. Ao mesmo tempo, Albrecht faz uma alusão a Elisabeth Goes, sua corajosa mulher:

No mundo de 1955, que não deixou de ser um mundo de campos de concentração e de perseguições, é necessário dar ouvidos a essa voz. E devemos ser eternamente gratos aos holandeses que, em meio à busca de oficiais nazistas, recuperaram, entre revistas e jornais, esse diário de uma criança e o colocaram em segurança; esse livro que diz a verdade sem nenhum desvio, nada além da verdade, toda a verdade.

"A TÍTULO DE PREFÁCIO" 147

O casal Goes pôde acompanhar através das décadas as discussões sobre o diário, a interpretação e os termos do romance *Das Brandopfer*: Albrecht Goes morreu com 92 anos, em fevereiro de 2000, em Stuttgart; Elisabeth Goes faleceu aos 94, no ano de 2007, no norte da Alemanha. A editora Fischer, entretanto, teria agido melhor se pedisse a Elisabeth para escrever o prefácio. Ela poderia ter contado sobre o período de 1942 a 1944, quando escondera judeus perseguidos na paróquia no sul da Alemanha.

AS NAÇÕES UNIDAS

"Esse é um livro impressionante. Escrito por uma jovem — e os jovens não têm medo de dizer a verdade —, é um dos mais sábios e comoventes comentários da guerra e de seus impactos que já li.", escreve Eleanor Roosevelt em 1952, em seu prefácio da edição estadunidense do diário. A edição, pela qual Otto Frank lutava desde 1947, não tinha sido fácil. Editoras recusaram o livro, algumas argumentando com convicção que a Europa era muito distante, os estadunidenses não estariam mais interessados na Segunda Guerra. Fazia sentido, nesse contexto, que a editora estadunidense Doubleday e Otto Frank procurassem uma celebridade que fizesse propaganda do livro. A escolha recaiu sobre a esposa do ex-presidente Franklin D. Roosevelt. Nascida em Nova

York, em 1884, Eleanor Roosevelt se tornou primeira-dama dos Estados Unidos em 1933, dando forma e sentido a essa posição não oficial durante doze anos, até a morte de Roosevelt em 1945. Ela organizava semanalmente entrevistas coletivas na Casa Branca, para as quais apenas jornalistas mulheres eram convidadas, e criou iniciativas para melhorar as condições de vida e trabalho de mulheres e afro--americanos. Em dezembro de 1945, ela foi apontada como membro da delegação dos Estados Unidos na Organização das Nações Unidas (ONU), trabalhando pela Comissão de Direitos Humanos na Declaração dos Direitos Humanos, aprovada em 1948 pela Assembleia Geral da ONU. Eleanor Roosevelt apoiava a fundação do Estado de Israel e viajou para lá em 1952. Ela se posicionou bravamente contra os assédios da era McCarthy. Com sua mente aberta e seu espírito livre, hoje se supõe que ela manteve uma relação amorosa de vários anos com uma jornalista estadunidense. O nome Eleanor Roosevelt se tornou um atestado de progresso social, esclarecimento e humanismo.

Eleanor escreveu o prefácio do diário em uma breve página. O texto traz pouco mais do que as frases já citadas, além de um desfecho célebre e lapidário:

> Esses são os pensamentos e a expressão de uma jovem moça vivendo em circunstâncias extraordinárias. Por essa razão, o diário nos fala muito mais sobre nós mesmos e sobre nossos próprios filhos. É por esse motivo

"A TÍTULO DE PREFÁCIO" 149

que senti o quão próximos estamos todos nós da experiência de Anne, o quanto sua curta vida concerne a nós e ao mundo inteiro.

O diário de Anne é um monumento adequado para o seu espírito refinado e o espírito daqueles que trabalharam e ainda trabalham pela paz. Sua leitura é uma experiência rica e gratificante.

Muitos anos mais tarde, Barbara Zimmerman, a editora estadunidense do diário, confessou ter escrito o prefácio. A sra. Roosevelt teria estado ocupada demais. Alguns anos mais tarde, Otto Frank a encontrou para um almoço.

UM CONTEMPORÂNEO

Em 1997, a tarefa de escrever um prefácio para a edição de bolso da editora Penguin coube a Elie Wiesel, que se tornara, como escritor, um representante dos judeus sobreviventes, como ele próprio se considerava. Wiesel enfatizara pontos bem diferentes daqueles abordados por Eleanor Roosevelt quase meio século antes, questionando já no início de seu prefácio se a vida de Anne Frank seria o símbolo de uma geração ferida, de uma "raça sacrificada":

Como podemos explicar a influência duradoura dos diários dela igualmente sobre leitores judeus e não judeus? Seria a idade da autora o que nos comove tanto? A inocência dela, talvez? Outros jovens, contemporâneos de Anne, descreveram o que viram e vivenciaram em guetos na Polônia e na Tchecoslováquia. Apenas os relatos dela tocaram e conquistaram os corações e o imaginário de um público maior.

Um desses jovens mencionados era o próprio Elie Wiesel, apenas um ano mais velho que Anne, que testemunhou em todos os seus livros a perseguição, buscando sempre novas formas de expressão. Com o passar dos anos, Wiesel, ganhador do Prêmio Nobel da Paz, se tornou o rosto da lembrança do Holocausto. Ele certamente sentia uma proximidade especial em relação a Anne Frank. O Anexo parecia para ele com o "gueto" ("No gueto, que o Anexo representa [...]"), onde Anne e os outros sete ficaram presos e isolados por mais de dois anos. Esse lugar influenciou o desenvolvimento deles, determinou completamente suas transformações. E podemos acrescentar que o Anexo também determinou o desenvolvimento e a transformação de Elie Wiesel, que levou a experiência do gueto e da perseguição por toda sua longa vida. Ele não menciona isso em lugar nenhum de seu prefácio, porém, como contemporâneo de Anne Frank, coloca questões cruciais — sem dar as respostas. Com uma única exceção, no fim:

Um livro?

Uma ferida.

"A TÍTULO DE PREFÁCIO" 151

LA LEÇON, A LIÇÃO FRANCESA

Precisão e distância, profundidade e sentimentalidade caracterizam o prefácio do *Journal d'Anne Frank*, publicado pelo autor Éric-Emmanuel Schmitt, em 2016. Ele responde à questão de Elie Wiesel em relação à influência duradoura do diário de forma concisa: ela se deve ao fato de que se trata de um *livro*, e não apenas um *documento*. Schmitt aponta para o caráter literário da obra que, na ânsia da percepção histórica, muitas vezes seria deixado de lado.

Geralmente, quando começamos um livro, sabemos como ele vai terminar, argumenta Schmitt. O diário, entretanto, não fora terminado, mas sim — brutalmente — interrompido. Esse aspecto de interrupção é que teria levado os leitores e leitoras a continuarem a obra. O "elã quebrado" exigiria comentários e extensões. Ele nos leva tanto a refletir quanto a sentir. Isso o tornaria, segundo Schmitt, uma "arma universal contra a barbárie", que consistiria na crença de que alguns seres vivos teriam mais valor do que outros.

Precisamos de Anne para não nos desesperarmos com os seres humanos. Essa jovem nos dá uma lição ao descobrir a vida, primeiramente como criança e depois como adolescente; em condições terríveis, ela ama a vida, ela a ama apaixonadamente.

A propósito da paixão: sempre que Schmitt a menciona, ele erra na dose e acaba exagerando, dando um tom piegas ao texto, como na formulação sobre "o amor infinito entre o pai e sua filha, que emana de cada página do diário e não se acaba nem mesmo com a morte dela".

Apesar disso, devemos a Schmitt o importante reconhecimento da dupla natureza do diário de Anne Frank: "É raro que um texto literário seja também um documento, e igualmente raro é um documento ser um texto literário." Foi essa dupla natureza que, sobretudo na França, incitou os revisionistas. Uma segunda lição do autor, que ficou famoso com um livro sobre o Alcorão, diz: um tipo de racismo raramente vem sozinho; ele geralmente encobre outros. A *leçon* francesa não é apenas a lição dada, mas antes uma lição contínua.

NAÇÕES SEPARADAS

Os prefácios em geral possuem características nacionais. Na Itália, *O diário de Anne Frank* é lido de forma diferente de como é na Noruega ou na Dinamarca, em Luxemburgo, na Bélgica, na Romênia, na Rússia ou na Hungria. A edição inglesa do diário ganhou um prefácio diferente da edição dos Estados Unidos, publicada quase ao mesmo tempo. Os prefácios sempre espelham as constelações históricas específicas,

"A TÍTULO DE PREFÁCIO"   153

as diferentes experiências, como, por exemplo, o racismo ainda prevalente na França. No prefácio de *Il diario di Anna Frank*, Donella Giacotti Piccioli recorda os leitores de Primo Levi; mais tarde, Natalia Ginzburg retraça o mundo enclausurado dos escondidos em Amsterdã; Ferruccio de Bortoli, na edição da editora Einaudi, em 2015, chega a inserir a história do diário na da própria Shoah. Três prefácios diferentes em um mesmo país.

As edições de Flandres, a parte norte da Bélgica, foram acompanhadas por prefácios dos ministros da Educação e do Trabalho. Gretelise Holm, da Dinamarca, recorda em seu prefácio de 2006 de sua leitura do diário 47 anos antes, impressões duradouras de uma adolescente que agora tinha se tornado avó. Inger Hagerup, por fim, descreve ao público leitor norueguês, em 1952, a Rádio Oranje e a Polícia Verde,[15] as circunstâncias em um país ocupado. Os países escandinavos desenvolvem leituras próprias, influenciadas historicamente.

Em meio a tantas introduções, prefácios e posfácios, não podemos esquecer que o próprio conteúdo e a forma do diário mudaram ao longo dos anos. De *Het Achterhuis* [O Anexo] em 1947 e da tradução mais precoce de *O diário de Anne Frank*, de 1950, foi criada, em 1986, uma edição crítica do original com as diferentes etapas do surgimento

---

15 *Grüne Polizei* é o apelido dado à *Ordnungspolizei*, literalmente "Polícia da ordem", a força policial da Alemanha nazista, devido a seus uniformes de cor verde. [*N. da E.*]

do diário, publicada em 1988, retraduzida mais tarde e revisada algum tempo depois. Dessa forma, o caráter do prefácio, que originalmente deveria apontar o caminho e a direção do diário, se modificou, passando a um esclarecimento editorial das partes que, no diário de Anne Frank, não formam um todo.

JIDDISCHLAND

Jiddischland é o nome dado à extensa região da Polônia, Lituânia, passando pela Ucrânia, Rússia, Romênia, Hungria, as coroas do antigo Império Habsburgo, nas quais a população falava a língua ídiche. Essa região corresponde em muito às *Terras de sangue*, como Timothy Snyder as chamou mais tarde em seu livro, definindo, assim, com esse título, o destino delas: a Jiddischland acabou-se em chamas, e os que nela viviam se afogaram em seu sangue.

Milhões de falantes de língua ídiche no leste e no centro da Europa foram executados em 1945; os poucos sobreviventes dos campos de concentração alemães ficaram sem pátria, foram enxotados, fugiram. Os centros ídiches, outrora prósperos, de revistas, editoras, livrarias e *Schuls*, ou seja, pequenas e grandes escolas — em Varsóvia, Vilnius, Caunas, Levive e outros lugares —, tinham sido destruídos e nunca mais alcançariam a importância que já tinham tido. O ídiche ocidental, falado na Alsácia e nas regiões fronteiriças, tinha se incorporado ao francês e ao alemão durante o período de paz.

Nos anos 1940, surgiram novos pequenos centros de ídiche em Paris, Buenos Aires, Tel Aviv e Nova York, mas também em campos de deslocados de guerra (*displaced persons*) em Munique, Frankfurt ou outros lugares onde jornais locais em ídiche circulavam e um pequeno comércio editorial surgiu.

O diário de Anne Frank foi lido logo após sua publicação em ídiche e hebraico. Como ele foi recebido no meio ídiche, em um mundo largamente destruído e ainda sob ameaça? Que importância tiveram as edições estadunidense e inglesa?

A VOZ DE ANNE FRANK

Enquanto o volume de vendas da edição alemã de Lambert Schneider avançava com hesitação e o do original em neerlandês tinha estagnado em 1949, após cinco edições, a tradução para o francês, o *Journal*, se tornava um relativo sucesso. Meyer Levin tinha lido essa edição e contatado Otto Frank, que lhe havia dito, em setembro de 1950, que tinha recebido recusas de editoras inglesas de renome, como Gollancz, Heinemann, Macmillan, e também nos Estados Unidos, como Knopf, Viking, Schocken, Simon & Schuster — para nomear apenas algumas.

JIDDISCHLAND 157

No início de 1951, Vallentine Mitchell, uma nova editora da época, que se especializara em temas judaicos e publicava, entre outros, o jornal *The Jewish Chronicle*, tinha fechado um contrato para a edição inglesa. A editora encarregada da tradução foi Barbara Mooyart-Doubleday (que não possui parentesco com a editora estadunidense homônima), uma jovem britânica que vivia nos Países Baixos com o marido e os dois filhos. Ela falava neerlandês e, com seus 20 e poucos anos, estava próxima o suficiente de Anne. "Sentei-me à mesa da sala de jantar e escrevi a tradução inteira à mão", ela relembra mais tarde. E continua:

> Eu tinha uma série de dicionários que usava em casos de dúvida. Eu traduzia uma página à tarde, quando meus filhos pequenos iam dormir ou estavam brincando no cercadinho. Às 19 horas, eu os levava para a cama e trabalhava até as 21 horas. Meu marido dizia que eu não deveria trabalhar mais do que isso, porque senão não conseguiria dormir, mas eu mantinha um caderno ao lado da cama e anotava de vez em quando algumas coisas que me vinham durante a noite. Todos os dias eu relia as três páginas que tinha traduzido no dia anterior. Às vezes, quando tinha dormido bem, eu pensava: "Não gostei de como formulei isso, posso fazer melhor." Dessa forma, eu sempre revisava as três páginas.

Mais tarde, a jovem se sentaria com Otto Frank em sua sacada para revisar seu trabalho com ele. Barbara Mooyart se lembra do início do trabalho conjunto e do primeiro encontro com o pai de Anne. Ela revela um pouco sobre a vida dele em Amsterdã naquela época:

> Quando terminei o trabalho principal da tradução, tirei um dia de folga. Deixei meus filhos em casa e fui de trem para Amsterdã. Ainda me lembro de quando cheguei à estação e vi Westerkerk a distância. Eu sabia que Otto estava trabalhando em seu escritório na rua Prinsengracht e toquei a campainha lá. Foi uma sensação bastante estranha, e eu estava muito impressionada por toda aquela experiência. Otto me fascinava. Ele era extremamente gentil, quase um cavalheiro como os de antigamente. Ele me mostrou o Anexo, "Achterhuis", e era bem diferente do que é hoje. Havia portas secretas inesperadas e surpresas por toda parte. Enquanto ele me guiava, mal demonstrava sentimentos, estava ocupado. Mas quando fomos para o hotel Krasnapolsky e almoçamos juntos, seus olhos marejaram várias vezes. Era um homem muito triste, e naquela época tudo ainda estava muito recente. Mais tarde, fui tomada por meus sentimentos e não consegui conter as lágrimas em sua presença quando ele me apresentou a Fritzi. Almoçamos juntos e não sei mais exatamente o que ele disse, mas era algo como: "É visível a forte relação da sra. Mooyart com Anne e o diário."

JIDDISCHLAND 159

Em maio de 1952, foi publicado *The Diary of a Young Girl* em inglês, sendo recebido com frieza na Grã-Bretanha. A editora inglesa tinha contratado uma introdução na qual Storm Jameson abordava os campos de concentração com detalhes, algo que não era conhecido pelo público inglês à época. As vendas iam devagar. O contrário ocorria nos Estados Unidos, onde Doubleday lançou um mês depois sua edição: era 12 de junho de 1952, o 23º aniversário de Anne Frank, relata Barbara Zimmerman — então com 24 anos de idade, editora da Doubleday, que dez anos mais tarde ajudaria a fundar a *New York Review of Books* e se tornaria famosa no mundo editorial. Zimmerman comenta a resenha de Meyer Levin, que o *New York Times Book Review* publicara com o título "The Girl Behind the Secret Door" [A menina por trás da porta secreta]:

> *O diário de Anne Frank* é demasiado suave e pessoal para receber o título de "clássico", porém ele não merece nada menos do que isso. Não é uma história triste do gueto, nem uma coleção de histórias terríveis. *O diário de Anne Frank* transborda prazer, amor, curiosidade. Ele também traz sua carga de asco, também tem momentos de ódio, mas é tão maravilhosamente vivaz, tão próximo, que torna as características universais da natureza humana incrivelmente tangíveis.

Na tarde da data de lançamento, os primeiros 5 mil exemplares já haviam sido vendidos. Uma tiragem igual foi feita às pressas e iniciou-se uma enorme campanha promocional. O diário chegou às listas de mais vendidos, crescendo a cada semana. Já naquela primeira tarde de lançamento, Doubleday recebia pedidos de agentes de teatro, produtores, pessoal de televisão em busca dos direitos de utilização da obra em Nova York.

O sucesso, entretanto — e não poderia ser diferente —, também trouxe consigo litígios. Em 1950, Otto Frank tinha acordado com Meyer Levin que este representaria seus interesses em relação a uma adaptação teatral e eventuais direitos cinematográficos no mercado editorial estadunidense. O escritor tinha interpretado esse gesto como um compromisso firmado, enquanto Frank o entendia mais como a expressão de uma intenção. Muitos fatores favorecem a versão de Frank. Praticamente ninguém teria ido assistir ao diário no teatro ou no cinema em 1950 — em razão das vendas estagnadas nos Países Baixos, dos números inexpressivos de vendas na Alemanha Ocidental, das várias recusas de editoras anglo-saxãs e de vendas mais bem-sucedidas somente na França. Broadway e Hollywood estavam a anos-luz de distância.

Dois anos mais tarde, quando a edição estadunidense se tornou um sucesso, acirrou-se o conflito que consistia basicamente em duas perspectivas diferentes em relação ao diário. Primeiro, aquela de Meyer Levin, que pode ser resumida em uma frase de seu primeiro comentário do diário: "A voz de Anne Frank se torna a voz de 6 milhões de espíritos judeus desaparecidos." Em oposição a esse apelo passional, Otto Frank contrapõe sua interpretação do diário como testemunho humanístico amplo, tal qual ele escreve a Levin em Nova York, em 28 de junho de 1952: "Quanto à questão dos judeus, você tem razão ao dizer que não vejo isso da mesma forma que você. Eu sempre disse que o livro de Anne não é um livro de guerra."

Além disso, Levin havia indicado a si mesmo como autor da adaptação do diário para o teatro, perdendo assim a neutralidade para representar os direitos teatrais e cinematográficos de uma obra que ele mesmo queria produzir. Doubleday duvidava de sua competência e, mais grave ainda, de sua integridade. Levin, ao contrário, se sentia atacado pela editora estadunidense. O representante da editora, Joseph Marks, acabou se tornando o protagonista desse conflito. Levin enxergava na postura da editora um jogo de interesses comerciais, que ele por sua vez considerava historicamente alienado e moralmente desleal. Em 7 de julho de 1952, Marks escreveu a Otto Frank dizendo que, por conta da "incompatibilidade de personalidades", ele não via um futuro provável na parceria: "Chegamos à conclusão de que devemos nos retirar e demos ao sr. Levin informações detalhadas de nossas negociações com várias pessoas."

Por fim, Otto Frank sugeriu como produtora Cheryl Crawford, uma diretora estadunidense experiente e, mais tarde, produtora, que obteve sucessos aclamados na Broadway. Em 1947, ela havia fundado, junto com Elia Kazan e Robert Lewis, a famosa oficina de teatro Actors Studio em Nova York. Crawford deu a Levin dois meses de prazo para colocar no papel sua versão da dramatização de *O diário de Anne Frank*. No final de setembro de 1952, por ocasião do Ano-Novo judeu, surgiu uma versão radiofônica curta da adaptação dele e foi recebida positivamente tanto por Cheryl Crawford quanto por um público majoritariamente judeu. Porém, apenas alguns dias mais tarde, a produtora comunicava a Otto Frank que a peça de Levin retratava muito pouco o caráter das oito pessoas do esconderijo e não continha personagens claramente delineadas. Era demasiado artificial. O produtor Kermit Bloomgarden, que tinha sido envolvido no caso, tomou partido de sua colega: "Nenhum produtor de respeito consideraria apresentar uma peça com tão pouco potencial dramatúrgico."

Otto Frank contratara o advogado nova-iorquino Meyer Mermin para mediar o conflito. Mermin elaborou junto à agente de Frank, Miriam Howell, a sugestão de que Levin pudesse apresentar sua versão em um círculo de catorze produtores. Se uma dessas pessoas considerasse sua peça aceitável, Crawford se retiraria da questão. Porém, caso o resultado fosse desfavorável, Otto Frank teria o direito de

JIDDISCHLAND 163

atribuir a produção da peça a outra pessoa. Levin recebeu um mês de prazo para modificar a peça antes de apresentá-la.

Todos os catorze votos dos produtores de teatro foram negativos. Alguns viram pouco potencial dramático, outros não viam chances de sucesso. Nenhum dos produtores se prontificou a encenar a versão de Levin. No final de 1952, Levin perdeu os direitos da produção. Por sua vez, ele tinha assegurado para si um direito exclusivo de exibição de sua peça em Israel.

Otto Frank contratou Carson McCullers como a nova autora para a peça de teatro baseada no diário. Cheryl Crawford se retirou da posição de produtora. McCullers era à época uma jovem autora renomada cujo romance *O coração é um caçador solitário* tinha sido aclamado e cuja peça *A convidada do casamento* a tinha colocado em evidência. A autora do sul dos Estados Unidos certamente não era judia.

Barbara Zimmerman, que era judia, apoiou a posição de Otto Frank:

> Acho que não judeus terão sentimentos igualmente fortes pelo livro de Anne, mas de outras formas. E, ao mesmo tempo, eles não correrão o risco de reduzir a história a uma experiência exclusivamente de judeus. A maravilha no livro de Anne é o fato de que é uma obra para todos, uma experiência para todos. E acho que

apenas um pouco de objetividade por parte dos autores já assegura esse enorme apelo.

"Judeus ou não judeus?" continuava sendo, entretanto, uma questão fundamental para Meyer Levin, que ele abordava de forma cada vez mais agressiva, mesmo publicamente. Após as tramitações desgastantes, Carson McCullers desistiu da autoria da peça.

Por fim, o produtor Bloomgarden intermediou o casal Goodrich e Hackett, que começaram a elaborar uma versão do diário para os palcos. Foi um processo difícil, sobretudo por causa das intervenções de Otto Frank. Ao todo, os dois apresentaram seis versões que eram modificadas constantemente até que, dois anos mais tarde, a peça recebeu a aprovação de Otto Frank e viu a luz do mundo na Broadway, tornando-se assim um sucesso mundial.

Meyer Levin, contudo, concluiu sua crítica à estreia da peça sobre o diário com as seguintes palavras:

> Mais forte do que nunca, sinto que a repressão de minha peça é, a seu modo, uma prova do espírito, ao mesmo tempo indiferente e brutal, que reprimiu a vida de judeus na Europa.

Levin, ao mesmo tempo porta-voz e mártir, iniciou, furioso, um processo judicial.

O PROCESSO

No fim de 1954, o advogado de Levin levou a queixa à Suprema Corte em Nova York e acusou os produtores da versão dramatúrgica do diário de não manterem acordos do período de 1950 a 1952 e que Goodrich e Hackett teriam copiado passagens da versão preliminar de Levin. Ele exigia reparação de danos. Os advogados de ambas as partes buscaram uma medida de conciliação; porém, as acusações de Levin ora se dirigiam diretamente contra Otto Frank, a quem ele denunciava por fraude e plágio.

Levin escreveu a rabinos e outros representantes de comunidades judaicas e alegou no *The National Jewish Post* de 4 de maio de 1956 que 275 rabinos haviam assinado sua petição exigindo que Otto Frank considerasse o diário de sua filha antes como um "documento literário e comercial".

Foram anos de litígio legal nos quais Meyer Levin envolveu Otto Frank, sempre equilibrado e conciliador, que, entretanto, sentia cada vez mais ódio pelas acusações levantadas. E foi um processo que, com suas peculiaridades e reviravoltas fantásticas, nunca mais se viu na rica literatura especializada.

Em janeiro de 1957, a peça de *O diário de Anne Frank* — a versão da Broadway — foi encenada no teatro Habima, em Tel Aviv. O público israelense estava claramente menos interessado na versão "judaica" da peça do que na que tinha ganhado o Prêmio Pulitzer. Levin tentou fazer valer seu direito sobre apresentações em Israel; Otto Frank não tinha sido informado sobre essa apresentação, como escreveu em 28 de março de 1958 a seu agente literário Jaap Bar-David, natural dos Países Baixos e que, por uma ironia do acaso, também defendia Levin em questões de direitos autorais em Israel.

Em 6 de janeiro de 1958, o tribunal de Nova York anunciou a decisão. Todas as acusações de Levin tinham sido rejeitadas — com exceção da de plágio, pela qual o júri concedeu uma reparação de danos de 50 mil dólares a Levin. O advogado de Otto Frank recorreu da ação, e o juiz aceitou.

Em outubro de 1959, finalmente, as duas partes chegaram a um acordo. Otto Frank pagou 15 mil dólares a Meyer Levin, que, em contrapartida, renunciou a todas as outras exigências. Porém, mal ele anunciara sua renúncia e já continuava sua campanha difamatória. Era, ao menos a seus olhos, o mundo judeu que denunciava o mundo não judeu — uma batalha que nenhum tribunal terreno poderia apaziguar.

Meyer Levin, por fim, se retirou para Israel. Sua peça de teatro nunca foi encenada publicamente. Por anos, ele levou adiante a briga em livros e artigos. Levin morreu em Jerusalém em julho de 1981, um ano após a morte de Otto Frank.

ISRAEL

Em janeiro de 1952, ocorreram em Israel manifestações em massa, algumas violentas, contra as negociações com a República Federal da Alemanha em relação ao pagamento de indenizações. O líder da oposição, Menachem Begin, ameaçava derramamento de sangue caso a Knesset, o Parlamento israelense, as aprovasse. Em 9 de janeiro, o Parlamento aprovou, com 61 votos contra 50, as negociações, que se iniciaram poucas semanas depois nos Países Baixos e terminaram em 10 de setembro de 1952. O chanceler alemão Konrad Adenauer assinou pela Alemanha; Moshe Sharett, o ministro das Relações Exteriores, assinou por Israel; e Nahum Goldmann, pelas organizações judaicas. Israel passou por uma dura crise econômica; alguns alimentos foram racionados. Eleanor Roosevelt viajou pelo país e deu um tom próprio à política externa dos Estados Unidos. Quando, ao fim daquele ano, o presidente de Israel, Chaim Weizmann, morreu, o então primeiro-ministro, David Ben-Gurion, sugeriu Albert Einstein como o próximo presidente do jovem Estado. Einstein recusou o convite.

Nesse ano, a pequena editora de Tel Aviv, Karni, hoje não mais existente, adquiriu os direitos de publicação de *O diário de Anne Frank*. Vallentine Mitchel, em Londres, tinha intermediado a negociação. A editora Karni contratou Shmuel Schnizer para traduzir a obra do neerlandês. Schnizer, nascido em Scheveningen, era falante nativo da língua,

168   THOMAS SPARR

trabalhava como jornalista, tendo sido um dos fundadores do jornal israelense *Ma'ariv*, e tradutor de uma biografia sobre Stálin que havia alcançado, no início dos anos 1950, popularidade e adoração em Israel, além de obras de Balzac. Um tradutor jovem, porém experiente. Shmuel Schnizer morreu em 1999 em Tel Aviv.

Yomena shel na'ara [Diário de uma menina] foi lançado em 1953 em um diminuto mercado de língua hebraica. A Biblioteca Nacional de Jerusalém tem registradas nesse período apenas poucas aquisições de livros em hebraico, uma coleção de histórias de amor, contos de Sholem Aleichem. Certamente lia-se muito em Israel naquela época — assim como hoje. No entanto, novas traduções eram impensáveis já por fatores econômicos. Menos ainda traduções do alemão ou do neerlandês. Portanto, o lançamento se destaca nesse contexto.

Por meio da tradução para o hebraico, imigrantes de outros países tomaram conhecimento do diário. Assim, um jornal israelense publicou mais tarde o livro em séries. Houve ofertas similares para edições em húngaro ou romeno, assim como uma em ídiche.

TOGBUKH FUN A MEYDEL, A EDIÇÃO ÍDICHE

Por Tel Aviv passava o caminho para a edição ídiche do diário, *Togbukh fun a Meydel*, publicada em 1958 do outro

JIDDISCHLAND

lado do mundo, em Buenos Aires. Em 5 de agosto de 1957, Otto Frank escreveu para a Confederación pro Cultura Judía na Argentina:

> Senhores, recebi sua carta de forma indireta e agradeço o grande interesse que demonstraram no diário de minha filha. A princípio, concedo com prazer minha autorização para uma tradução na língua ídiche, mas preciso, entretanto, saber se sua organização atua somente na Argentina ou também em outros países sul-americanos. Minha autorização teria, em todo caso, de ser restrita a esses países, uma vez que tenho requisições do leste da Europa para a tradução para o ídiche. Comuniquem, por gentileza, também a região de comercialização e eventuais condições. Seria ótimo receber sua resposta em alemão, francês ou inglês, caso contrário terei de mandar traduzir sua carta, o que implicaria atraso.

Quase imediatamente depois foi enviada uma resposta de Buenos Aires, escrita em inglês. A edição ídiche se restringiria à América e ao oeste da Europa, ao que o diretor da organização, sr. Gorodisky, acrescentou: "O sr. perceberá que as condições do mercado editorial para o ídiche são mais do que difíceis após a trágica redução da população de falantes." Praticamente não existia mais um campo editorial para a língua ídiche; a organização de Gorodisky trabalhava sem fins lucrativos.

Otto Frank considerava importante que o diário fosse traduzido do original neerlandês, mas o sr. Gorodisky respondeu que não havia tradutores capazes de tal feito: "Por favor, permita-nos utilizar a tradução do alemão."

Finalmente, em janeiro de 1959, o livro foi lançado em ídiche. Greves na Argentina tinham atrasado um pouco o lançamento. Em 7 de novembro de 1959, Otto Frank escreveu o quanto estava feliz com essa edição, cuja capa se baseava na edição original em neerlandês. Ele renunciou aos honorários em prol da confederação até que metade da edição tivesse sido vendida.

O jornal ídiche *Undzer Shtime* publicou passagens do diário, e a editora Menorah também lançou uma edição ídiche em 1958.

Um leitor em especial, o escritor Shea Tenenbaum, acompanharia Otto e sua nova esposa, Elfriede (Fritzi) Frank, durante anos, enviando-lhes notícias diretamente de Nova York sobre o mundo ídiche e sobre Anne Frank.

A QUEM PERTENCE ANNE FRANK?

A questão sobre a quem Anne Frank pertenceria sobreviveu a Meyer Levin. Trata-se da questão sobre qual interpretação do diário é historicamente e, portanto, moralmente justificada. É uma questão que o sucesso da peça de teatro — e, mais tarde, do filme — apenas intensificou. O sucesso tem muitos responsáveis, mas não traz respostas. Em vez disso, ele levanta suspeitas de que as coisas não tenham sido feitas de forma idônea. Meyer Levin entrou para a literatura anglo-saxã de forma particular. Ele é o ghost-writer de Anne Frank, o guardião do santo Graal do destino da menina, da última e verdadeira interpretação do diário dela — e pode-se inferir que ele era de fato visto como tal por Philip Roth. Anne Frank fascinou os autores do outro lado do Atlântico bem cedo, a Broadway deu a ela um triunfo — ou ela à Broadway —, Hollywood deu a ela seu brilho e Oscars, ou, mais uma vez, ao contrário: Anne Frank espalhou seu brilho por Hollywood. Nos anos 1950, o teatro alemão se esforçou genuinamente pelo diário de Anne Frank, porém todas as encenações, tanto na Alemanha Ocidental quanto na Oriental, tinham um quê de lição de moral e davam o testemunho de um enorme esforço. Será que nos Estados Unidos alguém teria tido a ideia de proibir o público de aplaudir?

"A quem pertence Anne Frank?" é o título de um ensaio da autora Cynthia Ozick, publicado em outubro de 1997, na revista *The New Yorker*. Ozick afirma que em junho daquele ano, caso Anne Frank tivesse sobrevivido, ela completaria seus 68 anos como uma autora experiente cuja prosa espirituosa e afiada se assemelharia à de Nadine Gordimer.

Cynthia Ozick, nascida em 1928, em Nova York, foi contemporânea de Anne Frank. É dessa proximidade que ela escreve. Ela cresceu no Bronx como a filha mais nova de uma família judia ortodoxa originária da Lituânia, o coração da Jiddischland. Em seus ensaios, a autora volta e meia aborda a língua ídiche e sua literatura, e em seus romances e contos, como *The Puttermesser Papers* [Os papéis de Puttermesser], *O xale* ou *The Messiah of Stockholm* [O messias de Estocolmo], as personagens estão em busca de sua identidade judaica, da compreensão e afirmação de tradições judaicas em um mundo não judeu. Em seu romance *Antiquities* [Antiguidades], de 2021, ela manda um homem de 80 anos para o internato onde ele passara sua infância. Lá, ele pretende passar suas memórias para o papel. Ele tenta fazê-lo, mas o presente sempre volta a interrompê-lo.

Anne Frank pertence a Cynthia Ozick enquanto judia de origem europeia fortemente influenciada pelos Estados Unidos, enquanto escritora e, sobretudo, enquanto contemporânea. "Quero continuar vivendo depois da morte." Nessa frase, Ozick reconhece a escritora já em tenra idade. Mas cada projeção de Anne Frank "como uma figura contemporânea é uma especulação profana: ela adultera a realidade, a verdade mortal". Em seu ensaio "A quem pertence Anne Frank?", ela busca revelar a apropriação que a figura Anne Frank sofre e relembra as circunstâncias de sua terrível morte em Bergen--Belsen. Para Ozick, a totalidade da história da publicação do diário se assemelha a uma única manipulação:

JIDDISCHLAND   173

Quase todas as mãos que se aproximaram do diário com a boa intenção de torná-lo popular colaboraram para subverter a história. O diário é percebido como um documento do Holocausto. Isso é exatamente o que ele não é.

E Ozick exagera as formulações ao redor da publicação do diário, como "uma canção de vida" ou "um deleite comovente no infinito do espírito humano", para explicitar a deturpação da história por meio da edição inadequada. As pessoas teriam se esquecido do fim, ou pior, teriam desejado obliterá-lo: "Ao celebrarem os anos de Anne Frank em um anexo secreto, impediram a real percepção da importância de sua morte. A lente nítida desse diário se tornou ineluctavelmente turva quando apontada para o terrível sucumbir da autora — e esse turvamento, repetido sobretudo entre leitores jovens, levou a uma depravação."

A depravação da apropriação.

Mas essa perspectiva estaria correta? Jovens leitores teriam mesmo ignorado as circunstâncias da morte de Anne Frank?

Em 1957, Erich Lüth, então chefe do gabinete de imprensa da cidade hanseática de Hamburgo, convocou uma visita ao campo de concentração de Bergen-Belsen para depositar flores. Um estudante, ainda sob a impressão da encenação do diário no teatro de Hamburgo, tinha visitado o memorial no antigo campo de concentração e constatado que lá não havia nada depositado para Anne Frank. Assim surgiu o apelo por "Flores para Bergen-Belsen". No domingo, 17 de março de 1957, cerca de 1.500 jovens e mais de quinhentos adultos foram, depois de uma chuva torrencial, ao Lüneburger Heide e depositaram flores no memorial. Erich Lüth conclamou em seu discurso na ocasião: "Sejam mais corajosos do que nós fomos, protejam sempre os inocentes que são perseguidos."

Certamente uma tal "peregrinação", como a viagem foi chamada, estava marcada por *páthos* e por uma retórica excessiva. Porém, ela também testemunha que justamente os jovens, na segunda metade dos anos 1950, não haviam esquecido as circunstâncias da morte de Anne Frank.

Para Cynthia Ozick, o "cúmplice" ou até mesmo principal culpado pelo esquecimento de contextos históricos e da sentimentalização do diário seria Otto Frank. Ela chega a acusá-lo de "omissão": "O pai sobrevivente toma o lugar da filha morta ao acreditar sinceramente que suas palavras representam as dela." Entretanto, não haveria motivos contundentes para essa certeza, escreve Ozick: "A paternidade não confere poder de delegação." Como se o pai tivesse desejado impor uma interpretação do livro ou até lucrar com ele e não tivesse tido que se defender longamente contra a acusação de falsificação.

Segundo Ozick, o próprio Otto Frank teria tido uma infância em berço de ouro ou, nas palavras dela, "*unclouded*", desanuviada, tranquila. Ele seria o filho mimado de um banqueiro endinheirado que quisera se adequar.

Adequação em vez de resistência seria a herança do judaísmo assimilado. Como alguém pode fazer uma tal afirmação sem conhecer o arquivo da família? A biógrafa de Otto Frank, Carol Ann Lee, chega a outras conclusões alguns anos após o artigo na *New Yorker* e mostra os conflitos internos de Otto Frank em sua juventude e nos anos de nascimento de suas duas filhas. Segundo Ozick, Frank teria eliminado do diário "inúmeras expressões da fé judaica, uma referência direta ao Yom Kippur, relatos terríveis sobre a caça dos alemães aos judeus em Amsterdã". Teria sido mesmo Otto Frank quem fizera isso? Ou talvez seu primeiro editor, um cristão fervoroso? As modificações teriam sido orientadas por uma intenção negativa ou por um cuidado precipitado em relação a um público não judeu?

Ozick afirma terem sido as boas maneiras judaico-alemãs do pai que teriam feito de sua filha uma "*all-American girl*", uma garota tipicamente estadunidense.

O autor Alvin Rosenfeld, citado por Ozick, tinha apregoado a popularização da memória por meio da peça de teatro, Hannah Arendt a qualificou como sendo de "uma sentimentalidade barata às custas da grande catástrofe", e o psicanalista Bruno Bettelheim escreveu sobre a cena final: "Se todas as pessoas são boas, nunca existiu Auschwitz." Pelo fato de não ser mostrado no palco nenhum alemão fardado, Alvin Rosenfeld conclui: "Anne Frank se tornou uma fórmula pronta para o esquecimento fácil."

Cynthia Ozick se defende — com Rosenfeld, Arendt e Bettelheim — contra essa fórmula do perdão fácil, contra a identificação com Anne Frank e o diário dela, contra o turvamento de contornos históricos, o esquecimento de um único ser humano e sua morte.

"Identificar-se" significa tornar-se algo que não se é, significa adquirir algo. Adquirir significa possuir — e, após metade de um século, desde que Miep Gies escondeu as folhas avulsas do diário, a quem pertence Anne Frank de fato? Quem pode falar por ela?

Meyer Levin, que se considerava a voz autêntica da menina? Ou os produtores da ideologia coletiva de uma humanidade genérica, intercambiável na Broadway? A peça, segundo Ozick, não seria mais do que um produto bem fabricado da Broadway. Ela não poderia ser julgada simplesmente como peça de teatro; seria necessário incluir o vasto espaço de ressonância que a circunda, todas as emanações por ela enviadas ao mundo em 1955 e nos anos seguintes.

A quem de fato pertence Anne Frank? Quem pode falar por ela? Como boa articulista, Cynthia Ozick formula mais perguntas do que as respostas apresentadas, e mesmo as duas perguntas formuladas por ela mesma não chegam a ser respondidas.

Podemos dar a resposta: Anne Frank não pertence a ninguém.

"Ninguém tem o direito de se comportar comigo como se me conhecesse", citando Robert Walser.

DO QUE A GENTE FALA...

Anos mais tarde, Anne Frank ainda instiga a literatura anglo-saxã. "Do que a gente fala quando fala de Anne Frank" é o título de um conto de Nathan Englander que retoma de forma modificada a pergunta de Cynthia Ozick. Seu conto foi publicado primeiramente em 2010 na revista *The New Yorker*. O escritor, natural do estado de Nova York, é famoso por seus contos e histórias que abordam todo um contexto histórico, circunstâncias sociais, dilemas morais. Englander pertence à geração dos filhos de Cynthia Ozick, ou seja, à segunda geração.

Em seu conto, ele leva Anne Frank a Israel (onde ele próprio morou e estudou durante alguns anos): Marc e Lauren vivem em Jerusalém e passam, após sua migração para os Estados Unidos, de judeus ortodoxos para ultraortodoxos. Mudam seus nomes para nomes bíblicos, Yerucham e Shoshana.

Uma noite, os dois recebem a visita de um casal dos Estados Unidos, Deb e o narrador da história. Eles conversam sobre suas origens, os pais que haviam sobrevivido ao Holocausto, a educação ortodoxa, a passagem a ultraortodoxos. Shoshana explica:

O que estou tentando dizer, se quiserem levar a sério ou não, é que vocês não podem basear o judaísmo apenas em um crime horrendo. Estou falando da fixação com o Holocausto como prova necessária de identidade. Como a única ferramenta de educação que vocês têm. Sem ela, não existe nenhuma outra conexão para as crianças, nada judaico que as conecte.

O judaísmo é uma religião, e de uma religião surgem rituais que aproximam e conectam as pessoas. Deb contrapõe que existiria algo como uma "cultura judaica". Shoshana responde que não existe quando se trata de vida judaica. O marido dela, Marc, chama o casamento de judeus com não judeus de um Holocausto — o que causa repúdio em Deb.

No decorrer da noite, eles chegam ao "jogo de Anne Frank": "Não é de fato um jogo. É só aquilo sobre o que falamos quando falamos de Anne Frank."

Anne Frank se torna um código para a pergunta sobre quem entre os amigos não judeus a esconderia, caso um segundo Holocausto acontecesse. Esse jogo teria sido trazido dos Estados Unidos. Quem ajudaria? É "o jogo dos não judeus justos" ("*the Righteous Gentile game*").

Meramente um jogo?

Ao final de seu artigo, Cynthia Ozick recordou Miep Gies e a elogiou como "heroína incomum" dessa história. A heroína da história do diário, que o havia guardado e o

JIDDISCHLAND

salvado. Poderia ter sido bem diferente se Miep Gies tivesse queimado as folhas avulsas para proteger a si mesma e os outros ajudantes dos escondidos. Um pensamento chocante.

Na Jiddischland, jogam-se outros jogos. A opinião a respeito de Anne Frank é bem diferente no exterior.

ANNE FRANK AO REDOR DO MUNDO

Het Wonder van Anne Frank [O milagre de Anne Frank] é o título de um documentário neerlandês produzido em 1959. Ele mostra imagens de guerra e destruição, a Amsterdã de 1940 a 1945. Otto Frank, que normalmente evitava as câmeras, relata ali seu retorno para Amsterdã, e Jan Romein apresenta seu artigo "Kinderstem" [A voz de uma criança] no jornal *Het Parool* de abril de 1946, que tinha popularizado o diário. "Foi exatamente assim", comenta ele, mas, na realidade, ninguém teria previsto nem poderia prever o efeito do livro. Historiadores são entrevistados e aparecem fotos da rua Prinsengracht, nº 263, do esconderijo, dos ajudantes, de vítimas prestes a morrer de inanição nos campos de concentração libertados. O filme de 15 minutos de duração traz uma aceleração dos acontecimentos e uma passagem de um momento ruim para um melhor, ou talvez até para o melhor possível: a primeira edição de *Het Achterhuis* [O Anexo] e,

182 THOMAS SPARR

em seguida, o best-seller no mercado editorial, nos Países Baixos e na Dinamarca, Iugoslávia, Itália, Suécia.

Há gráficos do aumento expressivo das vendas, cenas da Broadway, turmas de escolas, fotos tanto de Israel quanto de Wuppertal, na Alemanha, onde um bairro inteiro foi nomeado em homenagem a Anne Frank. Uma mulher de Hiroshima relaciona o lançamento da bomba atômica, à qual ela sobreviveu em 6 de agosto de 1945, com sua leitura posterior do diário. Vemos imagens da chamada "Marcha de peregrinos" (*Pilgermarsch*), de 1957, a Bergen-Belsen, de rolos de impressão em uma editora produzindo pilhas de exemplares do diário, esculturas de Anne Frank, escolas nomeadas em sua homenagem. Um jovem estadunidense que viera como soldado para a Alemanha confessa ter se tornado pediatra por causa de *O diário de Anne Frank*. Vemos algumas cartas do mundo inteiro endereçadas a Otto Frank, vemos a família real dos Países Baixos na estreia do filme de George Steven sobre o diário, também em 1959.

No meio do filme, o jovem alemão Ulrich Schulze para de tocar o violoncelo por instantes para dizer: "Apesar da crítica incrivelmente severa de si mesma, Anne Frank chega à conclusão, nesse período tão difícil, de que é preciso julgar os outros com parcimônia, e não com severidade. Com isso, esse livro me passou uma impressão muito forte de bondade humana e autossuperação."

HET WONDER VAN ANNE FRANK, O MILAGRE DE ANNE FRANK

"O milagre de Anne Frank" consiste no fato de que o mundo inteiro, ou ao menos o hemisfério ocidental, lê o diário dela. Essa é a mensagem do documentário homônimo. Em 1959, é alcançada a propagação global do diário documentada no filme. Nesse ano, foram vendidas no mundo inteiro provavelmente mais de 2 milhões de cópias do diário. Um número incomumente alto para a época.

Quero apontar algumas etapas da recepção global de *O diário de Anne Frank*. Anne Frank em nível global, mas não total. Não seria possível mostrar todos os estágios ou etapas, transformações e continuidades, nem mesmo a maioria deles. A amplitude, a intensidade e a diversidade da recepção são grandes demais para tanto. Que outro livro teria suscitado tais experiências? Para dar apenas alguns exemplos: o Theater der Jungen Generation, em Dresden, que estudara o diário de Anne Frank de forma cuidadosa, organizou uma tradução para o russo em 1958 e participou do lançamento do livro na grande nação-irmã, a União Soviética. No Japão, para gerações inteiras de meninas, a leitura do diário significava descobrir a própria menstruação acompanhadas do relato de Anne. Jovens japonesas descreviam sua menarca como "o dia Anne Frank". Um fabricante de absorventes nomeou sua marca como *Anne*.

184 THOMAS SPARR

Além dessas, há diferentes histórias de edições: a publicação da edição tcheca está muito bem documentada pela longa correspondência com o tradutor, e sabe-se que os direitos de tradução nos países do norte acabaram nas mãos de uma única agente. Por outro lado, faltam-nos informações a respeito da importante edição em árabe ou sobre aquela das Coreias do Norte e do Sul. Tais fatos têm motivos históricos e políticos.

O impacto desse único livro se estende para muito além de achados de arquivo. Na África do Sul, o diário possui um significado próprio na avaliação do apartheid. No mundo árabe, lê-se o livro de modo diferente daquele que é lido na África do Sul ou, por exemplo, em Paris.

MADEMOISELLE FRANK

Em 11 de novembro de 1950, a revista *New Yorker* publicou a coluna "Letter from Paris" [Carta de Paris] sob o pseudônimo de "Genêt". A coluna era publicada havia 25 anos e tinha tornado sua autora, Janet Flanner, de 58 anos e natural de Indianápolis, uma celebridade. Ela pertencia ao círculo parisiense de Ernest Hemingway, Djuna Barnes, Ezra Pound, Gertrude Stein e Alice Toklas, Pablo Picasso, André Gide e Henri Matisse. Em 1936, ela publicara também na *New Yorker* a série em três partes *Fuhrer*, magistral na representação e no julgamento político de Adolf Hitler. Com

ANNE FRANK AO REDOR DO MUNDO 185

o início da Segunda Guerra Mundial, Janet Flanner se mudou para Nova York, retornando em 1944 para Paris, então liberta, e iniciou mais tarde uma emissão de rádio semanal, "Listen: the women" [Ouça: as mulheres], para noticiar os julgamentos de Nuremberg. Durante muitos anos, ela foi a voz estadunidense de Paris.

Em novembro de 1950, Flanner noticiava diretamente da capital francesa, congelada pela primeira geada mais severa da estação. A previsão meteorológica tinha alertado que o rio Sena poderia congelar até o fim do ano. No teatro Comédie Française, encenava-se o *Conto do inverno*, de Shakespeare, e a Assemblée Nationale, reconvocada, teria debatido em sua primeira sessão, durante um dia e uma noite, o plano do primeiro-ministro francês René Pleven que sugeria a criação de um exército europeu comum — plano que acabou falhando por conta da resistência do Parlamento francês, porque a República Federal da Alemanha deveria então possuir quase o mesmo poderio militar da França. Idealistas teriam sonhado com uma Europa unida, o grande projeto do século XX. O parlamentar comunista François Billoux, entretanto, considerava a ideia de uma Europa unida "uma invenção de Hitler".

Janet Flanner conta sobre um documentário com o título *La vie commence demain* [A vida começa amanhã], que traz uma entrevista com Jean-Paul Sartre, naquela época quem ditava o tom em Paris, e outras conversas com o biólogo Jean Rostand, com André Gide e com o arquiteto Le Corbusier.

186 THOMAS SPARR

E, em meio a atualidades políticas e culturais, a correspondente nova-iorquina menciona dois livros que o público francês estaria lendo com especial atenção e seriedade: *Ora 25* [A vigésima quinta hora], do autor romeno Constantin Virgil Gheorghiu, que naquela época acabara de ser lançado em inglês; e um outro livro estrangeiro popular, curto, porém impressionante: as anotações de "mademoiselle Frank".

> Na Holanda, o livro é um enorme sucesso. A autora almejava, com razão, ser escritora quando crescesse. Sua análise acurada do amor crescente que sentia pelo filho dos van Daan, Peter (a quem ela considerava um idiota), e o amadurecimento de sua necessidade literária por comunicação, autoconhecimento e conhecimento da natureza — ela havia visto a lua uma vez por uma persiana, com Peter a seu lado — são de fato talentosos.

O posterior sucesso de *O diário de Anne Frank* nos Estados Unidos se deve em grande parte justamente a essa "carta de Paris", a essa coluna.

Quando a tradicional editora Calmann-Lévy, fundada em 1836, em Paris, comemorava seu 180º aniversário em 2016, foi lançado pela ocasião um ABC dos autores em forma de livro. Cada letra representava um autor ou uma autora e um livro, assim como sua história singular e inconfundível. Quando chegaram à letra F, o diretor da editora, Philippe Robinet, discutiu com o editor sobre *Madame Bovary*, de Gustave Flaubert, ou *Os deuses têm sede*, de Anatole France.

ANNE FRANK AO REDOR DO MUNDO   187

Por fim, decidiu-se pelo *Journal d'Anne Frank*, para relembrar o destino da família Calmann-Lévy, de origem judaica, perseguida na Segunda Guerra. Os ocupantes alemães tinham arianizado a editora e mudado seu nome para Éditions Balzac. Após a guerra, Calmann-Lévy voltou para seu nome e sua tradição: a grande literatura francesa do século XIX, Gustave Flaubert, George Sand, Honoré de Balzac, Victor Hugo, Alexandre Dumas, pai e filho, e a literatura judaica do século XX, sobretudo em livros históricos com Vassili Grossman, Arthur Koestler, Norbert Elias, Gabriel Wachman, para citar apenas alguns nomes.

Já em 1949, a editora firmou um contrato de publicação do diário, que foi lançado no ano seguinte em Paris. Apesar da convicção e rapidez da editora em se decidir pela publicação do livro, as vendas deixavam a desejar, e isso em uma época em que os números nos Estados Unidos, na Grã-Bretanha e na Alemanha subiam cada vez mais. Robert Calmann-Lévy se queixou disso a Otto Frank em setembro de 1957 e lhe pediu que desse uma entrevista na televisão francesa para fazer propaganda do livro. Otto Frank recusou, por um lado porque estava na iminência de uma viagem para os Estados Unidos, por outro porque já havia recusado convites para entrevistas de outros países. Calmann-Lévy tinha pedido a Albert Camus, em 1957, que fizesse uma adaptação teatral do *Journal d'Anne Frank*. O vencedor do Prêmio Nobel de Literatura daquele mesmo ano teve de recusar. No domingo, 28 de setembro de 1957, aconteceu finalmente a estreia do *Journal* no Théâtre Montparnasse, em Paris, como peça de teatro baseada na versão da Broadway. A atriz Pascale Audret, nascida em 1935, foi aclamada no papel de Anne. Essa apresentação impulsionou o diário, como tinha ocorrido nos Estados Unidos e em outros países. Foi feita uma versão em áudio para veteranos cegos e os contos de Anne foram lançados em francês juntamente do diário.

Entretanto, Otto Frank relatou a seu editor francês, em 19 de abril de 1958, que ele ouvia cada vez mais objeções em relação ao prefácio de Henri Daniel-Rops, "que também nunca fora do meu gosto", escreve Frank. A reação era mais do que uma simples questão de gosto, a crescente resistência em relação ao prefácio da edição francesa tinha origens mais profundas. Nascido em 1901, Daniel-Rops era católico e, à época, um autor e historiador influente que lera o diário como manifesto de fé, dando uma interpretação cristã e até mesmo apelando a seu Deus em face do destino de Anne Frank. Seu prefácio é uma mistura de sentimentalismo, falta de tato e religiosidade deturpada; elementos que levam uns aos outros. Ele teria acabado de folhear a última página do livro e não teria conseguido se conter. No entanto, talvez tivesse sido melhor que Henri Daniel-Rops se contivesse. Ele primeiramente reflete, compungido, sobre o que "essa menina incrível" teria se tornado. No esconderijo, os Frank e os outros teriam se instalado "como ratos em um buraco". E, próximo do final de seu prefácio, Daniel-Rops aborda a religiosidade de Anne Frank. Não seria possível duvidar que

ANNE FRANK AO REDOR DO MUNDO   189

Deus a tinha respondido. O Deus que ela definira tão pouco e do qual ela "levava no coração uma imagem precisa", que teria tentado manter consigo em Bergen-Belsen.

"O que se poderia fazer para se livrar daquele prefácio?", pergunta Otto Frank a seu editor francês. Assim surgiu o plano de uma "édition de luxe", uma edição de luxo, ilustrada por Marc Chagall.

Chagall era à época o mais relevante pintor judeu vivo. Em suas obras, ele ligava o mundo judeu do leste europeu a histórias hassídicas, assim como a piedade popular a construções modernas. Ele pintava vitrais para igrejas, prédios governamentais, escolas superiores. Seu motivo recorrente eram anjos, pintados em cores, chegando até a existir o "azul Chagall". Um anjo ornava, afinal, a capa da edição de luxo do *Journal d'Anne Frank*, lançada em 1958.

Janet Flanner continuou em Paris e escreveu por mais 25 anos a "Letter from Paris", sua lendária coluna que perdurou por mais de meio século. A estadunidense em Paris ainda vivenciou a fama mundial do livro para o qual tinha chamado a atenção. Ela faleceu em 1978, aos 85 anos de idade, em Nova York.

ESCANDINÁVIA

Em 1952, Otto Frank, com seu tino empresarial, listou cuidadosamente os dados dos primeiros contratos do diário assim como seus parceiros contratuais: Países Baixos, Uitgeverij Contact, Amsterdã, 1º de agosto de 1946; França, Éditions Calmann-Lévy, Paris, 7 de março de 1949; Alemanha, Verlag Lambert Schneider, Heidelberg, 25 de julho de 1950; Inglaterra, Vallentine, Mitchell & Comp. Ltd., Londres, 18 de janeiro de 1951; Estados Unidos, Doubleday & Comp. Inc., Nova York, 4 de abril de 1951; Suécia, Lars Hökerbergs Bokförlag, Estocolmo, 20 de junho de 1952; Noruega, Dreyers Forlag, Oslo, 8 de julho de 1952; Dinamarca, Grafisk Forlag, Copenhague, 14 de agosto de 1952.

Décadas antes da globalização ou de um mercado editorial europeu, com várias limitações de câmbio monetário, cada fechamento de contrato era um sucesso, e a série de contratos fechados configurava algo inédito. Não há nenhum outro livro neerlandês ou alemão que ao final dos anos 1950 tivesse vendido tantos direitos de publicação quanto *O diário de Anne Frank*.

Com intervalos de poucas semanas, no verão europeu de 1952, foram fechados contratos das edições sueca, norueguesa e dinamarquesa. Por conta da proximidade de suas línguas, as culturas dessas três nações nórdicas são muito interligadas. As três são monarquias, conscientes de suas tradições, com liberdade de opinião e geridas por uma ideia forte de Estado social. Porém, historicamente, muitos aspectos as distinguem, e seria possível argumentar com Freud sobre um narcisismo das pequenas diferenças. As diferenças se evidenciam especialmente de perto, sobretudo ao final

ANNE FRANK AO REDOR DO MUNDO 191

da Segunda Guerra Mundial. A Suécia pôde manter sua neutralidade pelo preço de acordos problemáticos feitos pelo reino com a Alemanha nazista. A Noruega foi ocupada pela Alemanha em maio de 1940. O rei Haakon VII se recusou a se render e fugiu com sua família. "O não do rei" representa até hoje uma orgulhosa tradição do país. A Dinamarca também foi ocupada, porém formalmente permaneceu um reino próprio sob a regência do governador-geral Werner Best. A maior parte dos judeus dinamarqueses foi resgatada em outubro de 1943 em botes que seguiram pelo estreito de Öresund — um ato de coragem dos pescadores dinamarqueses, do movimento de resistência e de diplomatas alemães. "O barco dinamarquês / ao qual agradecemos", o poeta Paul Celan escreve em seus versos. Hoje, o Museu Judaico-Dinamarquês em Copenhague, concebido por Daniel Libeskind, relembra essa travessia em sua arquitetura — tem a forma de um barco de pesca.

Em 1952, era possível encontrar o passado recente por toda parte nos três países nórdicos. Lia-se *O diário de Anne Frank* na Noruega e na Dinamarca, que estavam ocupadas, mas não na Suécia, neutra, onde fora difícil firmar um contrato para o livro.

Em 1948, Grete Berges se tornou a agente literária de Otto Frank em Estocolmo. Ela escreveu a ele em 19 de junho daquele ano:

> Primeiramente, permita-me dizer que, como judia e como ser humano, a confissão dessa criança a respeito

de nossos tempos sombrios me emocionou e me abalou profundamente. Li muitos relatos verídicos de campos de concentração e outros documentos terríveis — tudo tem um limite, não se consegue mais reagir. Mas esse caso é muito diferente. Nele, o *J'accuse*[16] que toca o coração se encontra naquela crítica precoce e na autocrítica, e em um reconhecimento extremamente pungente da situação de uma criança real que de repente descobre, no meio de toda sua infantilidade e para seu próprio assombro, que amadureceu.

Pouco depois, Grete Berges, natural de Hamburgo, escreveu sobre "a impactante obra" em um jornal sueco. Ela própria era autora de livros infantis e infantojuvenis. *Liselott diktiert den Frieden* [Liselott ditando a paz] foi lançado em 1932, em várias edições, na Alemanha. Em 1936, uma empobrecida Grete Berges foge com sua filha para Estocolmo via Copenhague. Na capital sueca, ela se torna uma importante mediadora de literatura escandinava e alemã, além de tradutora do sueco para o alemão. Quando retorna a Hamburgo, ela coloca, no jornal *Hamburger Abendblatt* em 1953, para si e seus conterrâneos, a questão sobre o retorno à cidade natal:

---

16   Trata-se de uma referência ao artigo do escritor Émile Zola de 1898, no qual defende Alfred Dreyfus, um oficial do exército francês e judeu, de uma injusta acusação de traição. O artigo começa com o emblemático *J'accuse* ("Eu acuso"), repetido inúmeras vezes, e trata de expor o preconceito e a corrupção por parte das autoridades francesas, às quais o texto é direcionado. [*N. da E.*]

ANNE FRANK AO REDOR DO MUNDO

Hamburgo muitas vezes me parecia uma nova cidade, uma cidade de sonhos envolvida em lembranças. [...] Porém, era tudo realidade. Eu sentia isso em Blankenese, em Harvestehude, na ponte Lombardsbrücke, quando via o lago Alster, no píer Jungfernstieg, no passeio do Alster, em frente à prefeitura, intacta, e em vários outros lugares. E especialmente quando me vi sentada em frente à minha velha amiga, a diretora do Teatro Sankt Pauli, Anna Simon, no antigo escritório dela, onde tínhamos "cabulado" tantas horas, nas quais eu a ouvia contar sobre suas vivências naqueles tempos fatídicos em seu falar típico de Hamburgo, calma, objetiva e espirituosa.

Se quero voltar a morar na minha cidade natal? O caminho de volta me é impossível, apesar de tudo que me agrada nela. Os fantasmas do passado não podem ser completamente exorcizados. Contudo, reencontrei e redescobri Hamburgo! E minha primeira visita não será a última.

"A senhora entenderá que para mim é uma forma de consolo ver que o diário de Anne recebe a compreensão que merece", escreve Otto Frank em meados de 1948 a Estocolmo. Ele considera o diário uma forma de testamento, e sua publicação, um dever humano. A emigrada Grete Berges dispunha da experiência, dos contatos e sobretudo da empatia necessários para intermediar o diário a editoras no norte da

Europa e também para comunicar as recusas a Otto Frank. A Finlândia foi a primeira opção a ser riscada da lista. No país abalado pela Segunda Guerra e que vivia uma guerra civil, as pessoas não queriam saber de "livros de guerra de nenhum tipo". A Islândia, na época, era distante demais. Nos dois países, o diário foi lançado posteriormente. Berges também estava cética em relação ao mercado editorial alemão: "Na Alemanha, há tanto novo antissemitismo, ou melhor, o velho antissemitismo, que nem dá vontade de tentar."

Em fevereiro de 1949, parecia iminente o fechamento de um contrato com a Kooperativa Förbundets Bokförlag, a editora dos sindicatos. Muitos integrantes de sindicatos poderiam ser alcançados dessa forma. E sobretudo: "Uma edição sueca abriria caminho para edições dinamarquesas e norueguesas." A edição neerlandesa, com quase 25 mil exemplares vendidos, não tinha sido o suficiente para convencer a editora de Estocolmo de um sucesso em seu próprio mercado editorial. Por fim, a editora sindical recusou a proposta: o sucesso nos Países Baixos teria a ver com "circunstâncias locais".

Em outubro, o renomado psicólogo infantil sueco David Katz sugeriu à editora Bonnier a publicação de *O diário de Anne Frank*. Porém, também essa editora recusou a oferta pouco depois, alegando que sua programação de publicações para o ano seguinte já estava lotada — uma desculpa recorrente no mundo editorial. Grete Berges estava "deprimida".

ANNE FRANK AO REDOR DO MUNDO 195

Otto Frank lhe respondeu: "Não jogue a toalha agora." Em 4 de fevereiro de 1950, ele escreveu a Werner Singer, que trabalhava junto à editora Bermann Fischer em Estocolmo:

> Na Noruega, país que foi ocupado, haverá mais compreensão do que na Suécia. A mesma coisa se dá com a França, cuja edição aguardo finalmente para o mês em curso, caso não haja atrasos outra vez.

Em 1950, foi lançada finalmente a edição alemã do diário, que Otto Frank enviou no fim do ano para Estocolmo. Grete Berges fez uma nova tentativa, mas apenas deu notícias para Frank em Amsterdã em setembro de 1951. A mãe dela havia falecido alguns meses antes. Mas ela tinha uma notícia boa para ele: o chefe da editora Dreyers Forlag, em Oslo, estava, segundo a intermediária norueguesa Carlotta Frahm, "totalmente entusiasmado" com o livro, só tinha "algum receio em relação às vendas".

Em fevereiro de 1952, Grete Berges relatava de Estocolmo que sua filha, então com 30 anos, que sofrera muito com a emigração da Alemanha, tinha tirado forças da leitura do diário. Um fechamento de contratos, entretanto, ainda não tinha chegado, nem na Suécia, nem na Noruega, como lhe escrevera Carlotta Frahm, muito consternada. Mesmo assim, Grete Berges mantinha uma "sensação positiva" em relação ao diário: "Sim, também acredito que ele permanecerá para sempre como documento desse período e imagino que isso seja um grande consolo para o senhor. Anne Frank é imortal."

Pouco depois vieram recusas: primeiro da Dreyers Forlag em Oslo, depois da Tidens Förlag em Estocolmo — "em razão de tempos de instabilidade no mercado editorial".

Mas a sensação positiva que Grete Berges tinha não era um engano. Apenas algumas semanas mais tarde, em junho de 1952, Otto Frank recebeu uma mensagem da editora Contact em Amsterdã a respeito de duas propostas: uma da Noruega, ainda da Dreyers Forlag, e uma da Grafisk Forlag, em Copenhague. E alguns dias mais tarde veio a proposta da editora de Lars Hökerberg, a Bokförlag em Estocolmo, uma editora sueca tradicional. Otto Frank telefonou para Grete Berges em Estocolmo no dia 19 de junho de 1952 para dar a ela a boa notícia. Com a oferta diretamente de editora a editora, a agente tinha sido deixada de fora. Em uma carta a Amsterdã, ela respondeu que ficava muito feliz "que finalmente tenha dado certo, embora eu agora também esteja um pouco melancólica — mas apenas intelectualmente, afinal, do ponto de vista material não há praticamente nenhum valor em todas as cópias, recensões, envelopes, telefones, visitas durante anos... Não quero nenhum valor em dinheiro pela publicação. Estou muito feliz que o livro vá ser publicado."

Otto Frank manteve Grete Berges como agente para o diário e quis pagá-la da forma adequada. Ele sabia que ela também não levava uma vida fácil do ponto de vista material. No verão de 1952, foram fechados três contratos

ANNE FRANK AO REDOR DO MUNDO   197

de publicação do diário, que foi lançado pouco depois em Copenhague, Oslo e Estocolmo. Cada uma das edições trazia um enfoque próprio e se dispersou pela Escandinávia. Todas as três foram traduzidas, por exigência de Otto Frank, diretamente do original em neerlandês.

A intermediadora sensível e experiente, a autora, tradutora e mãe Grete Berges, tinha prestado um enorme serviço. Mas ela nunca mais voltou à sua cidade natal, Hamburgo, vindo a falecer quatro anos mais tarde, em 9 de janeiro de 1957, em Estocolmo.

RUA HERBSTGASSE

Na Basileia diziam que Otto Frank nunca tomava um táxi, ele só pegava o bonde para voltar para casa. Não é incomum pegar o bonde na Basileia. Mas o motivo para tanto era que Otto Frank queria economizar e repassar todos os lucros para a Anne Frank Fonds na Basileia, que não deve ser confundida com a Fundação Anne Frank, fundada por ele e outros, em 1957, em Amsterdã.

Em 1953, ele se mudara com sua segunda esposa, a sra. Elfriede (Fritzi), para a rua Herbstgasse, onde sua mãe, Alice Frank, morava com a irmã e o marido. Herbstgasse era o lugar onde desde os anos 1930 morava a parte da família Frank que tinha escapado da perseguição e do extermínio. O irmão mais velho de Otto, Robert, tinha se mudado para

Londres, o irmão mais novo, Herbert, tinha passado alguns anos na França. Anne e Margot tinham passado férias na Basileia antes da Segunda Guerra Mundial, assim como visitado Sils e outros lugares na Suíça.

No começo dos anos 1950, cresceu em Otto Frank o desejo de se mudar para a casa da família, em uma região de língua alemã que não fosse na Alemanha. O pequeno apartamento na casa se tornou o refúgio de Otto Frank, estando aberto para vários visitantes do mundo inteiro, e o ponto de partida de várias viagens que ele fazia. A casa na rua Herbstgasse, nº 11, se tornou o ponto central para *O diário de Anne Frank*, até mais do que o prédio na rua Prinsengracht, em Amsterdã. Afinal, o impacto global do diário se deve às correspondências de Otto Frank com o mundo inteiro. Os carteiros em Amsterdã, mais tarde na Basileia e em Birsfelden, traziam dia após dia pacotes de cartas à casa de Frank. E ele ia aos correios quase todos os dias úteis. Nenhuma carta ficava sem resposta, cada pedido era respondido pontualmente e da forma devida, depois compilado e arquivado. Essa é a base do Arquivo Otto Frank, que conta com dezenas de milhares de cartas e respostas, livretos de apresentações, manuscritos, desenhos e outras coisas. Há possivelmente mais de 100 mil peças de arquivo.

Em sua correspondência profissional, Otto Frank se mostrava correto, pontual com contratos, requisições, pedidos, contas. Com formação na área comercial, experiência jurídica, estudado, ele dispunha de um nível de inglês

ANNE FRANK AO REDOR DO MUNDO 199

muito bom, tendo praticado em Nova York, de um francês excelente e do neerlandês, a língua cotidiana de vários anos. Cortês e cuidadoso, respondia a cada contato, por mais disparatado ou abstruso que fosse. Ao observar melhor o universo comercial dessas correspondências, descobre-se um outro lado de Otto Frank, o de escritor de cartas: o homem empático, íntegro, delicado, vulnerável, que busca e mantém o diálogo, engajando-se com seu interlocutor, sem exigir nada e quase nunca deixando os assuntos das conversas em aberto. Em suas cartas é atestado aquilo que familiares e amigos testemunharam sobre Otto Frank: sua integridade.

Quem foi Otto Frank?, pergunta seu sobrinho Buddy Elias, que nos apresenta um esboço da vida do tio em poucas páginas:

> *Pim*, como sua filha Anne o chamava, *Ottelchen* para a irmã Leni, minha mãe, além de *Pappa* Frank, um dos que sofreram no campo de concentração de Auschwitz. Foi um homem reverenciado e amado, tornando-se uma figura carismática por meio do diário de sua filha. Mas quem foi ele de fato, de onde vinha e como era sua vida?

Nascido em 12 de maio de 1889, em Frankfurt am Main, em uma família judia burguesa cujo patriarca era banqueiro, Otto concluiu a escola em 1909 no Colégio Lessing. Estudou Economia por um semestre em Heidelberg, depois decidiu ir para Nova York para lá trabalhar na grande loja de departamentos Macy's. Após a morte de seu pai, ele retornou, apenas algumas semanas mais tarde, primeiramente para a Alemanha, onde continuou sua formação na área comercial. Foi convocado na Primeira Guerra Mundial para a artilharia. A mãe de Otto se tornou a proprietária do banco, que passou por um período difícil economicamente. Otto Frank, que possuía maior experiência internacional, foi pouco depois para Amsterdã, onde fundou uma sociedade com o nome Frank & Zonen [Frank e filhos]. Os negócios foram tão mal que a firma faliu em 1924.

Na primavera de 1925, Otto Frank se casou com Edith Holländer, onze anos mais jovem, natural de Aachen. Em 16 de fevereiro de 1926, nasce a primeira filha, Margot Betti, e em 12 de junho de 1929, Annelies Marie, chamada de Anne.

O banco dos Frank mal tinha suportado as perdas do negócio em Amsterdã, a grande crise financeira de 1929 e a restrição monetária de 1931, sendo encerrado um ano mais tarde. Hitler havia chegado ao poder. Otto Frank colocou em ação seu plano de emigrar com sua família e escolheu como destino Amsterdã, cidade que já lhe era familiar. No outono de 1933, ele alugou um apartamento na rua Merwedeplein, nº 37, no sul da capital holandesa. Edith e Margot foram a seu encontro em dezembro daquele ano, e em março de 1934 Anne partiu de Aachen, onde tinha ficado com sua avó.

Erich Elias, que tinha se casado com a irmã de Otto, recebeu a incumbência de abrir na Suíça uma filial da firma Opekta, uma subsidiária da fábrica Pomosin, que produzia

ANNE FRANK AO REDOR DO MUNDO 201

pectina, um agente gelificante utilizado basicamente para a produção de geleias. Otto Frank tinha assumido a representação dessa firma em Amsterdã.

A família se estabeleceu interna e externamente em Amsterdã até maio de 1940, quando as tropas alemãs invadiram a cidade e o país, separando a família — agora parte na Basileia e parte na Amsterdã ocupada. O mundo estava separado: a rua Herbstgasse ficava a poucos quilômetros da fronteira da Alemanha com a Suíça, país neutro no conflito, mas que temia uma invasão dos alemães. A Suíça oferecia segurança contra a perseguição, a destruição e a fome; entretanto, havia decidido fechar suas fronteiras para a entrada de mais judeus. Já a rua Prinsengracht se encontrava bem no coração da Amsterdã cruelmente ocupada. Durante algum tempo ainda era possível enviar cartas de um mundo ao outro, depois a comunicação foi completamente interrompida. Otto e Edith Frank se esconderam com suas filhas em junho de 1942. Iniciava-se, assim, a fase do diário, para o qual Anne escolhera a forma de correspondência. Ela tinha familiaridade com o gênero: sobretudo sua avó Alice era uma grande escritora de cartas. Muitas cartas foram trocadas entre Frankfurt e Basileia, ou também Aachén, depois entre Amsterdã e Basileia.

"*Grüße und Küsse an alle*", literalmente "Abraços e beijos a todos" — publicado no Brasil como *A história da família de Anne Frank* —, foi o título escolhido por Mirjam Pressler, autora e tradutora do diário, e Gerti Elias, atriz, pintora e mulher de Buddy Elias, para retratar em cores e detalhes a história da família Frank por meio de suas cartas.

Otto Frank se mostra um escritor de cartas sensível na correspondência com sua mãe, sobretudo após 1945, quando é informado da morte de sua família. Em vários momentos, ele interrompe a escrita por não conseguir continuar. Com a morte da mãe, Alice, cessam as correspondências de caráter íntimo e emocional. Suas cartas são profissionais, reservadas, objetivas. Apenas raramente ele se desvia desse tom — como na correspondência com Luitgard Im, uma jovem atriz de Düsseldorf, a quem escreve em 22 de outubro de 1956:

Querida srta. Im,

Apenas hoje ouvi de amigos que a senhorita esteve doente desde a estreia e mal posso expressar o pesar que isso me causa. Quando lhe escrevi pela última vez, não tinha ideia de que estava acamada em casa e espero apenas que esteja recebendo um bom acompanhamento e cuidados médicos, e que já se sinta melhor.

Tenho fotos de quase todas as atrizes que encarnaram o papel de Anne e devo dizer que nenhuma delas chega tão próximo à expressão e ao semblante de Anne quanto a senhorita. Após tudo que li e escutei sobre sua atuação nos palcos, imagino que tenha conseguido buscar em si e dar a cada fala e a cada cena o máximo da personalidade de Anne quanto possível, por ter sentido a vida e os pensamentos como ela os escreveu em seu diário.

Eu gostaria muito de lhe proporcionar uma pequena alegria e, para tanto, envio em anexo um dos contos que Anne escreveu. Você receberá também um pequeno pacote nos próximos dias.

Por favor, descanse e, por mais que eu vá adorar receber uma resposta sua, não conto com ela antes de a senhorita estar completamente restabelecida.

Minha mulher e eu desejamos de coração melhoras e enviamos as mais cordiais saudações. [...]

Luitgard Im respondeu no início de dezembro, de Düsseldorf, agradecendo pelos votos, pelo conto e pelas flores, por ocasião de seu retorno aos palcos. Ela agora se levantava apenas para as apresentações, que exigiam "compromisso total" de sua parte:

Raramente encenamos *O diário* aqui, mas já com muito mais frequência em Duisburg, Mülheim, Lünen, Marl etc., em todo o Ruhrgebiet. E, por toda parte, os ingressos para as apresentações se esgotam rápido, e o público sempre sai do teatro em silêncio e comovido.

A atriz de 26 anos estava na ascensão de uma carreira brilhante no teatro e no cinema, que começou com o papel de Anne Frank. Uma noite, durante a primeira das "festas do Hanucá", ela ia se apresentar: "Meus pensamentos, sobretudo nessa noite, estavam tanto em Anne, que tive de me chamar de volta à realidade várias vezes para não perder o controle do papel."

Era quase como se a jovem atriz quisesse manter a identificação do pai com a filha falecida. Apesar de toda a sua autodisciplina, Otto Frank permaneceu propenso a essa tendência, como mostra sua correspondência com Cara Wilson. Ela publicou em 1995 a troca de cartas que manteve durante duas décadas com Otto Frank a partir de 1959, sob o título de *Alles Liebe, Otto* [Muito amor, Otto]. A menina de 14 anos tinha tentado o papel de Anne Frank como "menina judia" em um filme, mas tinha sido recusada. Isso, entretanto, não tinha diminuído em nada sua identificação com Anne — pelo contrário.

KAFKA LÊ ANNE FRANK

Em 3 de abril de 1950, Otto Frank escreve à agência de teatro e literatura da Tchecoslováquia, em Praga:

> Senhores, a editora Contact me informou que os senhores pretendem publicar a tradução do livro de ANNE FRANK, *Het Achterhuis* ("O Anexo" ou "Escondidos"), e utilizar o texto em alemão como base para a tradução.

ANNE FRANK AO REDOR DO MUNDO

O diário foi escrito em holandês e não me parece adequado fazer uma tradução de uma tradução *no caso* de existirem outras possibilidades. Certamente não será fácil encontrar pessoas capacitadas como tradutoras que saibam suficientemente holandês. Porém, eu não queria deixar de apontar para o fato e perguntar se os senhores não imaginam ser possível encontrar uma pessoa adequada na embaixada em Haia ou na representação holandesa em Praga, caso isso não se mostre possível por meio de outros contatos pessoais.

Oito dias depois, a agência respondia em "total concordância" com Otto Frank:

Obviamente é sempre melhor traduzir diretamente do original. Infelizmente o contrato para os direitos do livro HET ACHTERHUIS [O Anexo] na Tchecoslováquia ainda não foi aprovado, de forma que atualmente a questão da tradução não é urgente. Contanto que a edição tcheca venha a ser aprovada, naturalmente recomendaremos à editora Mír, em Praga XII, que contrate a tradução diretamente do original.

A agência gerenciava os direitos autorais e de tradução para a editora, ou seja, aprovava ou reprovava-os. Em fevereiro de 1948, os breves três anos de relativa liberdade e soberania da Tchecoslováquia tinham acabado, o governo livremente eleito da nação irmanada tinha sido derrubado e um sistema stalinista tinha sido implantado no poder. A cortina de ferro separava o leste do oeste. Entretanto, havia ainda conexões com editoras, autores e tradutores. Já em 1949 foram feitos os primeiros pedidos de *Het Achterhuis* [O Anexo]. Porém — ou por isso? — levaram ainda anos até que a edição tcheca fosse contratada em 1955, e uma outra editora, no lugar da pequena Mír (em tradução literal, "Editora da Paz"), recebeu os direitos. Em março de 1955, Gustav Janouch escreveu a Otto Frank: "O diário de Anne será lançado pela editora Melantrich, de Praga, que lhe enviará o mais rápido possível o contrato por meio da agência de escritores." Ele mesmo, Janouch, tinha sido encarregado da tradução.

A edição tcheca foi lançada pela renomada editora Melantrich, que existiu por 102 anos, de 1897 a 1999, tendo sido a maior editora tcheca da primeira metade do século XX. Quando o livro foi lançado em tcheco, já havia traduções para sérvio, esloveno, hindi e esperanto. "Se o senhor de fato fizer questão do prefácio de Marie Baum, posso copiá-lo para o senhor (agora não tenho mais exemplares disponíveis), mas acredito que seria melhor ter um prefácio de uma personalidade estimada *daquele* país em que o livro é publicado. Não é um problema que diferentes pontos de vista sejam expressos."

Gustav Janouch não era apenas o tradutor de *O diário de Anne Frank*, àquela época já era um autor conhecido em

ANNE FRANK AO REDOR DO MUNDO   207

função de seu livro *Conversas com Kafka*. O tcheco tinha tido conversas com Franz Kafka em 1903, quando ainda era bem jovem, e as relatara mais tarde. Seu livro fora lançado em 1951 pela editora S. Fischer e à época era referência na compreensão da vida e obra de Kafka. Entretanto, há muito que estudos colocam em dúvida a confiabilidade dos relatos de Janouch, que atribuiu ao autor várias coisas inventadas por ele próprio.

A imagem de Kafka para as décadas seguintes foi vastamente distorcida pelas invenções de autores como Janouch. Nesse período, os caminhos de Franz Kafka e Anne Frank se cruzaram em Praga. Podemos supor que Gustav Janouch tenha traduzido o diário basicamente do alemão e utilizado para tanto "as edições da editora Fischer e da editora Schneider, assim como o original *Het Achterhuisen* [*sic*]", como ele escreve a Otto Frank em 18 de abril de 1956, acrescentando ainda:

> O prefácio foi escrito por mim. O tom está basicamente fundamentado em dois pontos: a) é mostrado que no diário de Anne se espelham, em primeiro lugar, o sofrimento mental e a angústia de pessoas decentes que tiveram de sofrer e suportar um acontecimento político sem entender por meio de quais forças políticas concretamente esse destino foi evocado; b) a enorme maturidade política e a incrível seriedade ética de Anne, que lembra Dostojevsjij [*sic*], visto que "a responsabilidade de cada

208 THOMAS SPARR

pessoa para com todas as outras e a responsabilidade coletiva de todas para com a vida são tematizadas". O diário de Anne é um documento cultural de peso e um aviso muito sério a todos os seres humanos que não deve ser ignorado, sobretudo no atual momento, em que na Alemanha Ocidental tanques estão nas ruas e as pessoas gritam frases sobre raça.

Não sabemos se Janouch se refere nessa carta e em seu prefácio ao *Zeitgeist*, o espírito da época, ou à censura na Tchecoslováquia — ou a ambos. Em 1956, foi criado o Exército do país. Certo é apenas que Otto Frank leu essas linhas com apreensão. Ele era cético em relação ao mundo socialista, sobretudo à grande simpatia que a RDA mantinha pelo socialismo. Durante todos esses anos, não colocou os pés em estados do leste, sobretudo em 1956, o ano da Revolução Húngara. O fato de a diretora da editora Melantrich, em Praga, que havia publicado o diário no verão daquele mesmo ano, enquanto membro da Comissão da Paz Mundial e "esposa do ministro tcheco prof. dr. E. [S]chlechte, demonstrar grande afeição pelo livro" provavelmente não bastara para aplacar o ceticismo de Otto Frank.

A cada carta trocada se desenvolvia uma amizade respeitosamente distante entre os dois homens que se consideravam, cada um à sua maneira, emigrantes. Janouch escreve sobre as dificuldades para publicar seus livros, sobre seu precário estado de saúde, sobre a enfermidade de sua esposa,

ANNE FRANK AO REDOR DO MUNDO 209

Helene, a quem Otto Frank envia medicamentos. Em cada vez mais cartas à Basileia, ele assina "Vosso antigo devedor", além de partilhar da alegria pelas boas vendas do livro na Tchecoslováquia. A primeira edição de 10 mil exemplares se esgotou após apenas algumas semanas, sendo seguida por uma segunda edição.

Gustav Janouch conta de seu trabalho, pede que Otto Frank lhe envie livros e relata, em fevereiro de 1961 — seis meses antes da construção do muro separando as Alemanhas —, sobre uma viagem a Leipzig na qual ele acabara sendo "envolvido em uma situação bizarra":

> Descobri que a equipe da editora com a qual eu tinha trabalhado até então era composta por nazistas disfarçados que, em face da corrida armamentista da Alemanha Ocidental, depuseram seus disfarces. Eles ironizavam fundamentalmente meus objetivos humanistas no trabalho e diziam: "Por que o senhor tem de tocar no assunto dos judeus? O senhor não é judeu, então não se importe com essa corja."

Ele busca constantemente consolo no amigo de correspondência, denuncia injustiças, fracassos, a falta de confiabilidade a seu redor. Ele recomenda a Otto Frank a leitura de seu livro *Conversas com Kafka* e relata sobre seu trabalho em uma tetralogia, *Mensch in dieser Zeit* [O ser humano na era atual], "quatro dramas sobre a solidão e a atomização das pessoas, uma monografia sobre Kafka e uma sobre Jaroslav Hašek, o autor de *As aventuras do bom soldado Švejk*. Tudo de autoria direta de sua própria "pena". A impressão que se tem é de que Otto Frank mal consegue se defender de tantas reclamações, projetos, programas.

Frank se ressente da dependência e abertura do parceiro tcheco: "Por favor, no futuro não escreva mais sobre minha ajuda. Se eu puder fazer algo, para mim é natural, se puder ajudar de alguma forma, farei com prazer", escreve ele em uma carta de 18 de junho de 1961. E continua:

> De muitas partes chegam-me pedidos de publicações sobre as reações ao diário de Anne. Eu as recuso por ser da opinião de que ainda não é o momento adequado. Além disso, acredito que um trabalho desse cunho não poderia ser escrito por *uma* única pessoa. Estou considerando, assim, escolher uma pessoa de cada país em que o livro foi publicado (ou a peça ou o filme exibidos) para analisar as reações *no seu respectivo país* e relatar isso. Seria necessário que o editor analisasse as críticas em jornais e artigos, que se tentasse descobrir como o filme e a peça foram recebidos, buscando informações em escolas e universidades, o que se sabe nesses lugares sobre Anne e se o diário foi lido ou utilizado como material para aulas etc. Tanto o positivo quanto o negativo têm de ser estudados e compilados. Eu precisaria, então, ter o direito de utilizar esse trabalho em uma obra sobre todos os países.

ANNE FRANK AO REDOR DO MUNDO 211

Otto Frank pergunta a Janouch se ele teria interesse em um trabalho assim, uma história da recepção global do diário — que é o que seria essa pesquisa, ainda que àquela época não se usasse esse termo em seu entendimento atual. Afinal, Janouch mantinha Otto sempre muito bem-informado sobre o desenvolvimento das edições eslovaca e tcheca. Porém, o projeto não saiu do papel, uma tal obra nunca chegou a ser produzida. A ideia, que fazia todo sentido — ou seja, pesquisar sobre as diferenças na recepção do livro, que remontavam ao próprio Otto Frank —, não se concretizou.

Gustav Janouch morreu em 7 de março de 1968, seis dias após completar 65 anos. A Primavera de Praga, a tentativa de desenvolver um socialismo democrático sob influência soviética, já tinha alcançado o país. Uma data importante a caminho disso fora a conferência sobre Kafka da Associação Tchecoslovaca de Escritores, cinco anos antes, no castelo Liblice, cujo idealizador fora o germanista Eduard Goldstücker. O foco temático era Kafka e a atualidade da alienação, do anonimato, do poder e da impotência. Autores da Tchecoslováquia e outros países (não apenas da União Soviética) leram Kafka por ocasião dos 80 anos do escritor. Mas Kafka também leu as obras, palestras e considerações deles à sua própria maneira. Seu mundo do poder impenetrável, da administração insondável e da ameaça constante tinha se tornado o presente. E fora assim que Kafka lera *O diário de Anne Frank*.

Em agosto de 1968, tanques da União Soviética, da Hungria e da Polônia esmagaram a Primavera de Praga e, com ela, a edição do diário. Ele só veio a ser publicado novamente em tcheco e eslovaco no início dos anos 1990, após ecoar em Praga o clamor "*Havel na Hrad*", "Havel no castelo". Václav Havel se tornou presidente da Tchecoslováquia em 1989, Alexander Dubček, que desempenhou um papel crucial na Primavera de Praga, se tornou presidente do Parlamento do país que hoje é separado em República Tcheca e Eslováquia.

PEN-FRIEND, UM AMIGO DE CORRESPONDÊNCIA

Em 1975, Otto Frank descobre um anúncio minúsculo no jornal *Nationalzeitung* da Basileia. Um palestino detento de uma prisão israelense em Ramla, uma cidade judaico-árabe no centro de Israel, buscava uma amizade por correspondência. Otto Frank escreve a ele em 14 de setembro e pede mais informações para saber com quem estava lidando. Omar Assuli responde prontamente em 27 de setembro, apresentando-se: um árabe de Jerusalém, de 30 anos, em uma cela da prisão e à procura de uma "professora, médica, jornalista, jovem mãe suíça ou uma família suíça para quem escrever". Ou seja, Omar não esperava exatamente que um senhor de idade se tornasse seu amigo de correspondência, mas sim uma jovem mulher. Ele conta que estudara Arquitetura e havia tirado seu diploma em Beirute, no Líbano. Mais tarde ele trabalhara principalmente como jornalista

ANNE FRANK AO REDOR DO MUNDO 213

escrevendo sobre "o problema palestino" e lançou um livro com o título *Let My People Live* [Deixe meu povo viver]. Em 1970, ele teria sido preso por praticar atividades de oposição ao governo e condenado por um tribunal militar a seis anos de prisão em Lod.

Com essas informações, Otto Frank se apresenta a seu novo amigo de correspondência como um homem neerlandês de 86 anos vivendo há mais de vinte anos na Suíça: "Durante a guerra tive experiências muito negativas com a ocupação alemã da Holanda sobre as quais poderei escrever em um outro momento. Respondi ao seu anúncio porque me interesso por questões humanitárias."

Ele escreve ainda que reconhecera pela carta que Omar Assuli parecia um "homem inteligente e bem-educado". Disse ainda que entendia a perspectiva dele e do livro que ele escrevera, mas que o direito de Israel de viver em paz tinha de ser reconhecido. De carta em carta, os dois homens de diferentes perspectivas travaram um diálogo sobre o problema Israel-Palestina. Omar Assuli relata ter experienciado de bem perto, aos 4 anos de idade, morte e destruição durante uma operação militar em Jerusalém. Otto Frank responde a ele em 8 de dezembro de 1975:

> Para que o senhor possa saber mais sobre mim e minha vida, envio pelo correio normal a tradução do livro que minha filha escreveu, *O diário de Anne Frank*. Ela e minha outra filha mais velha e minha esposa morre-

ram em um campo de concentração nazista enquanto eu, como que por um milagre, sobrevivi. Desse modo, o senhor poderá constatar o quanto sofri. Porém, apesar disso tudo, não sou uma pessoa ressentida, embora eu nunca vá esquecer o que aconteceu. Estou convencido de que não se pode alcançar nada com ódio e vingança, por isso tento trabalhar pela paz e pelo entendimento.

Frank conta ainda que recebia cartas de todos os países do mundo e poderia enviar em correspondências futuras os selos de países que interessassem a Omar Assuli. Este imediatamente agradece pelo exemplar do diário e conta a Otto Frank de um filme sobre campos de concentração a que assistiu na prisão. A troca de correspondências parecia tê-lo impressionado.

Uma vez já fora da prisão e após uma longa pausa, em agosto de 1976, em Jerusalém, Assuli relata ter superado problemas de saúde. Em 14 de dezembro do mesmo ano, ele envia um cartão-postal com a vista do centro histórico de Jerusalém desejando um feliz Natal e bons votos de Ano-Novo. É seu último sinal de vida. Otto Frank não responde mais. O motivo é esclarecido por uma nota de um outro remetente, em 8 de janeiro de 1976, arquivada nos documentos de Frank:

Em resposta à sua carta ao diretor da penitenciária de Ramla, o prisioneiro acima mencionado [Omar Mustaffa Assuli] foi acusado de crime contra a segurança

ANNE FRANK AO REDOR DO MUNDO 215

do Estado de Israel e sentenciado a uma longa pena de prisão, que terminará em 19 de janeiro de 1976.

O que teria motivado Otto Frank a escrever ao prisioneiro árabe desconhecido? Teriam sido motivos filantrópicos? Seu senso de justiça? As experiências das duas viagens que Otto Frank fizera a Israel no outono de 1958 e na primavera de 1971? Uma delas antes da Guerra dos Seis Dias; a outra, após. A guerra tinha piorado o "problema palestino". Ou teriam sido todos esses fatores conjuntamente? Em todo caso, Otto Frank tinha consciência de que a edição de *O diário de Anne Frank* em árabe era, entre todas as edições pelo mundo, a que obtivera menos sucesso.

Em julho de 1964, Otto Frank relata a um certo Monsieur Rouleau uma conversa que tivera com Manès Sperber, em Paris, sobre a edição do diário em árabe. Sperber tinha aconselhado que ele entrasse em contato com o senhor desconhecido e enviasse a ele um exemplar do diário em árabe. Otto Frank pede a Monsieur Rouleau que leia o diário e lhe dê uma opinião sobre a qualidade da tradução:

Além disso, eu gostaria de saber se o senhor considera importante que esse livro seja lido em países árabes. Uma vez que o livro foi publicado em Israel, me parece impossível lançá-lo nos países árabes. O senhor acredita ser possível encontrar um editor árabe para a publicação do livro?

A resposta de Monsieur Rouleau não foi documentada, porém a preocupação de Otto Frank era justificada. Em 1964, a edição em árabe foi lançada em Israel por uma editora estatal especializada na publicação de livros em árabe. A publicação tinha sido um mandato estatal, em tradução do hebraico.

Há uma edição do diário na forma de livro ilustrado para crianças, em alemão e árabe, editada por Richard Carlson Jr. Uma nova edição do diário em sua integralidade foi lançada em 2019 pela editora Al-Farasha, do Kwait, com o título, em tradução livre, *Anne Frank: diário de uma menina durante a ocupação*. A edição foi financiada pela Anne Frank Fonds em 1991. A tradução foi feita do russo por Ahmad Sakah Al-Din. Livros têm um destino. Sua tradução ou não tradução também.

Em 2008, Samuel Pisar, Simone Weil, Eric de Rothschild e a Anne Frank Fonds lançaram o projeto "Aladin" dentro da Unesco, em Paris. O objetivo era divulgar conhecimento em países árabes e sociedades muçulmanas sobre a Shoah. Um dos projetos era uma nova tradução de *O diário de Anne Frank* diretamente do neerlandês para o árabe.

O que terá acontecido com Omar Assuli? Que caminhos ele tomou? O que aconteceu com sua família? Será que encontrou uma nova vida em Al-Quds, na parte leste de Jerusalém? Terá sido vítima dos violentos conflitos entre israelenses e palestinos? Ou terá encontrado uma garota suíça e formado uma família no país?

A ANNE DO JAPÃO

No Japão, ela é chamada apenas de Anne — e todos sabem de quem se trata. Em nenhum outro país do mundo o diário fez tanto sucesso quanto no Japão. Ele foi lançado em 1952 pela editora Bungeishunjū e levou o título *Hikari Hhonoka ni – Anne no Nikki* [Luz suave – O diário de Anne], traduzido por Kōzō Kaitō (1904-1983). Mais tarde, o título foi mudado para apenas *Anne no Nikki*, "Diário de Anne". Em 1986, Mariko Fukamachi, nascido em 1931, fez uma nova tradução seguindo a edição crítica.

As primeiras edições do diário no Japão alcançaram as centenas de milhares de cópias. Atualmente, a marca de 7 milhões de cópias foi alcançada. Os números, entretanto, não dizem nada sobre a veneração, a atenção e o imenso impacto para a memória e para a reflexão que Anne despertou no Japão e o culto de sua figura, que perdura até hoje. *Anne* se tornou uma grandeza histórica, além de um nome simbólico para meninas na transição para a puberdade.

O Holocaust Education Center, em Hiroshima, dedica toda uma ala ao diário de Anne Frank, com fotos e textos de Amsterdã, tomando todo cuidado para não equiparar o bombardeio atômico de Hiroshima com o Holocausto. É como se uma biografia figurasse pelo Holocausto inteiro, como se todo esse acontecimento histórico, a princípio inominado, tivesse um nome no Japão: Anne.

Há uma Casa Memorial Anne Frank. Trata-se, mais precisamente, da Igreja das Rosas de Anne, em Nishinomiya, cidade próxima a Osaka, fundada em abril de 1980 para lembrar do destino da menina. A pequena capela possui o formato do sótão do edifício na rua Prinsengracht, em Amsterdã. No altar estão candelabros do Hanucá, um presente de Otto Frank ao fundador do memorial, Otsuka Makoto, por ocasião de seu encontro em Israel na primavera de 1971. Esse encontro marcou tanto Makoto, que ele quis criar um espaço de memória e reflexão. Em volta da capela foi plantado um jardim, o jardim das rosas de Anne, com cinquenta roseiras agrupadas ao redor de uma estátua de bronze. Como um "memento a Anne", Otto Frank doou as rosas a distância. Ele nunca visitou o Japão. Na estação de floração das rosas ocorre uma exposição na capela. É um local de retiro religioso que convida à contemplação histórica.

Durante anos a escola japonesa em Frankfurt tinha uma roseira de Anne. Da mesma forma, no pátio da escola Takaido Junior High School, há uma roseira de Anne, cultivada de mudas do jardim das rosas de Nishinomiya que são distribuídas para escolas primárias e secundárias em todo o Japão. Por ocasião da inauguração de um parque em Tóquio, em 2006, foram plantadas roseiras de Anne em celebração à paz. O Parque da Paz de Sengawa, em Mitaka, Tóquio, é famoso por essas roseiras. Há até uma edição de um selo inspirado no motivo floral.

Em 2015, uma exposição itinerante com 21 estações passou por todo o Japão: "Testemunhas da coragem – A expo-

ANNE FRANK AO REDOR DO MUNDO 219

sição do Holocausto: As decisões de Anne Frank e Chiune Sugihara". A exposição continha três partes: a história do Holocausto, a do diário e a do diplomata japonês Chiune Sugihara (1900-1986), que, como vice-cônsul em Kaunas, na Lituânia, durante a Segunda Guerra Mundial auxiliou milhares de judeus a fugirem para o Japão com vistos falsificados. Com isso, colocou em risco sua própria vida e a de sua família. Sugihara é hoje honrado com o título de "Justo entre as Nações" no memorial Yad Vashem.

Há mais de 75 anos, surgiu no Japão uma síntese curiosa entre culto, reconstrução histórica e livre apropriação artística. *Watashi to Anne Furanku* [Eu e Anne Frank] é o título do livro infantil da autora Matsutani Miyoko, publicado em 1980. Na obra, a perspectiva é invertida: Yuko e sua mãe escrevem um diário endereçado a Anne para lembrar da liberdade e da dignidade humana.

Erika Kobayashi, nascida em 1978 em Tóquio, escreveu uma *graphic novel* publicada em 2011 com o título *Shin'ai naru Kitty tachi e* [Queridas Kittys (no plural)]. O encontro dela com Anne se dera por acaso (algo pouco comum para uma japonesa), em 2009, em um restaurante japonês em Nova York. À frente dela estava Joel, um homem de 73 anos que tinha sido convocado para a Guerra da Coreia em 1953. A base militar era no Japão. Lá, o jovem soldado buscava a companhia de mulheres e prostitutas durante a noite. Elas muitas vezes choravam por causa de seu destino, sua solidão e sua vergonha. Em uma dessas noites, uma das jovens soluçava tão alto que Joel, deitado a seu lado, se assustou e perguntou o que tinha acontecido. Ela estava lendo *O diário de Anne Frank*, que acabara de ser lançado.

Foi através dessa história, de seu país natal, que a escritora tomou conhecimento do diário. Com "Sua querida Kitty" surgiu um diário triplo: quando Erika Kobayashi estava na casa de sua família por ocasião do aniversário de 80 anos de seu pai, ela descobre o diário que ele escrevera dos 16 aos 17 anos durante a Segunda Guerra Mundial, enquanto tinha de trabalhar em uma fábrica de aviões. "Sobrevivi mais um dia", escreveu ele em seu diário. Kobayashi percebeu que seu pai tinha nascido no mesmo ano que Anne Frank:

> Então me dei conta da possibilidade de que Anne, a menina tão admirada, hoje teria a mesma idade que o meu próprio pai, ali, na minha frente, com seus 80 anos. Eu só podia imaginar o que Anne teria escrito com 40 ou 80 anos. Só então entendi o significado da morte e do luto profundo de não poder ler nada mais dela.

A autora leva os dois diários, o de seu pai e o de Anne, em uma viagem de dezessete dias pela Europa, de Frankfurt a Amsterdã, além de outras fases da vida de Anne Frank. Ela escreve seu próprio diário e se torna a amiga que responde ao diário: *Queridas Kittys*.

A história de Anne é contada no Japão com muito mais do que livros: em peças teatrais, musicais, documentários,

ANNE FRANK AO REDOR DO MUNDO 221

filmes, animações, *graphic novels* ou mangás. E sobretudo na forma de livros infantis. Ano após ano, centenas de turistas japoneses viajam a Amsterdã para visitar a Casa de Anne Frank. O que parece fascinar sobretudo meninas é menos o contexto histórico e mais o universo sentimental de uma adolescente. Nunca antes a menstruação foi retratada de forma tão aberta quanto no diário. Anne é percebida mais como adolescente do que como vítima da perseguição e do delírio de nazistas. Ou como ambas ao mesmo tempo.

A literatura de diário (em japonês *Nikki*) possui uma grande tradição própria no Japão, fato que certamente contribuiu para o sucesso de *O diário de Anne Frank*.

O historiador Ran Zwigenberg, que estudou a perspectiva japonesa sobre o Holocausto, reconhece no culto a Anne um pedido de desculpas pelo envolvimento do Japão na Segunda Guerra Mundial. Em uma cultura como a japonesa, em que as desculpas possuem um papel fundamental, palavras e gestos dos governantes têm uma importância central. Assim, o primeiro-ministro Shinzō Abe pediu desculpas por ocasião dos setenta anos do fim da guerra em 2015, reforçando que a sociedade japonesa deveria "instruir as crianças, os netos, e mesmo as próximas gerações que não terão nada a ver com essa guerra, a pedir desculpas". No livro *Jews in the Japanese Mind* [Judeus aos olhos dos japoneses], David G. Goodman e Miyazawa Masanori escrevem que "a popularidade de *O diário de Anne Frank* não se traduz necessariamente em uma compreensão da experiência judaica". Ela teria antes "favorecido a tendência de generalização da experiência de guerra e dificultado o esclarecimento de problemas específicos de responsabilidade e culpa durante o período da guerra".

Syaka Hanamura, que interpretou Anne nos palcos, há muito refletia sobre Anne Frank e o Japão. A atriz explica em uma entrevista que a equiparação entre judeus e japoneses como vítimas da Segunda Guerra Mundial seria complicada. "O Japão foi vítima da bomba atômica, mas era aliado da Alemanha. Quando se trata de vítimas judias, isso é problemático." A maioria dos japoneses, diz ela, interpreta *O diário de Anne Frank* como uma mensagem de paz:

> Partilhamos com os judeus a mesma convicção de que a guerra não pode se repetir. Mas sinto que há também pontos cegos na percepção do Japão em relação à guerra. Quando interpreto Anne Frank, não quero ser irresponsável. O Japão é o único país no mundo que foi atingido por uma bomba atômica. Porém, isso não anula o que o exército japonês fez durante a Segunda Guerra Mundial.

Por volta de trezentos livros sobre Anne Frank foram publicados no Japão, três deles de Kurokawa Machiyo, a jovem do filme *Het Wonder van Anne Frank*. Ela sobreviveu ao bombardeio a Hiroshima e morreu em 2011, aos 81 anos de idade, de leucemia, como vários dos sobreviventes.

ANNE FRANK AO REDOR DO MUNDO   223

Kurokawa Machiyo visitou Amsterdã, Bergen-Belsen e Auschwitz:

> Sinto que o povo japonês deveria saber mais sobre o Holocausto. Acho que os sofrimentos do povo judeu não podem ser comparados com o que os japoneses viveram. Sim, passamos pela bomba atômica. Mas isso foi um acontecimento pontual. Os judeus têm uma longa história de sofrimento.

No início de 2014, vários dos livros sobre Anne Frank compilados em Tóquio foram destruídos por um japonês de 36 anos. O homem alegou que o diário seria forjado. Pouco tempo depois, o primeiro-ministro Abe visitou a Casa de Anne Frank em Amsterdã e expressou ali seu pesar em relação ao ocorrido.

O DIÁRIO SUL-AFRICANO

Nelson Mandela leu *O diário de Anne Frank* durante seu exílio na ilha Robben, uma ilha minúscula em frente à Cidade do Cabo, hoje um memorial que relembra o sistema de injustiça do apartheid que manteve Mandela e outros detentos presos ali por dezoito anos. O diário circulava entre os detentos políticos, que o liam de forma tão intensa que o miolo do livro começou a se despregar de sua lombada.

Alguns copiavam as páginas que se soltavam para manter consigo o texto de Anne.

Em agosto de 1994, Nelson Mandela, o novo presidente da África do Sul — já um novo país, que tinha superado o apartheid —, inaugurou uma exposição sobre Anne Frank em Joanesburgo. Essa exposição teria o intuito de investigar o passado para curar, reconciliar e moldar o futuro. Nesse sentido, a exposição seria especialmente apropriada para a África do Sul da época, "uma vez que saímos da era trai-çoeira da injustiça do apartheid".

O presidente relembrou o período da Segunda Guerra Mundial, quando ele, naquela época o único estudante negro de Direito em sua universidade na África do Sul e ativista do movimento de libertação, nutria a esperança, como muitos sul-africanos negros, de que a vitória contra a Alemanha nazista libertaria não apenas a Europa, mas também colocaria um fim ao apartheid em seu país. Ao invés disso, o apartheid triunfou após 1945. E Mandela percebe uma analogia histórica:

> O apartheid e o nazismo compartilham em seu âmago a crença maléfica na superioridade de algumas raças sobre outras. Isso levou seguidores dessas ideologias a cometerem crimes inomináveis e a sentirem prazer com o sofrimento de seus semelhantes. Porém, por essas crenças serem claramente falsas, como sempre foram e

ANNE FRANK AO REDOR DO MUNDO

sempre serão, e por serem desafiadas por pessoas como Anne Frank, estão fadadas ao fracasso.

A exposição pôde ser vista em quatro cidades sul-africanas, um ano antes do início dos trabalhos da Truth and Reconciliation Commission [Comissão da Verdade e Reconciliação], cujo objetivo era expor a verdade sobre os crimes do regime do apartheid e tornar possível uma reconciliação. Tratava-se de um projeto inédito que reunia vítimas e perpetradores, juízes e advogados de defesa. Anne Frank foi madrinha desse experimento único na história. Não cabe aqui debater se seria possível alcançar uma conciliação em um país tão cindido. Ler um livro na prisão seria uma experiência totalmente diferente de lê-lo em liberdade. A leitura do diário teria atingido profundamente o espírito dos detentos da ilha Robben. Era como um documento da "invencibilidade do espírito humano", como Nelson Mandela explica aos visitantes da Casa de Anne Frank em uma mensagem gravada e tocada até hoje.

A ESQUECIDA MARGOT

Tudo sobre Anne Frank e seu entorno foi pesquisado, buscado, encontrado, descartado. Com exceção de uma figura-chave em sua vida: Margot, a irmã três anos mais velha. Ela aparece apenas à margem. Quando Otto Frank, após receber os relatos de Anne, escreve em uma carta de 1945 que apenas alguns cadernos escolares teriam restado de Margot, é possível sentir a dor e o pesar do pai desejoso de um equilíbrio, que tinha em mãos tanto material de uma filha, mas nada da outra. Otto Frank relembrava à posteridade sua outra filha.

Margot foi esquecida de um jeito peculiar. Após a estreia da peça *Ein Kind ruft uns an* [Uma criança nos chama], em Zurique, um crítico lista as personagens, em outubro de 1956, e a menciona em terceiro lugar: "Margot, a menina mais velha, quieta, obediente, resiliente e discreta", e logo após: "Anne, na época com 13 anos, sempre com o coração na boca e com os olhinhos curiosos e sonhadores". Assim eram percebidas as duas irmãs nas décadas após a publicação do diário: uma, Cinderela, a outra, princesa; a obediente, melhor da sala e dedicada contraposta à brincalhona, indisciplinada e teimosa. Ari Folman e David Polonsky dedicaram toda uma sequência de imagens em seu *graphic diary* inspirada na frase: "Constantemente sou comparada com minha irmã."

Em 12 de março de 1944, Anne escreveu sobre a irmã:

> A Margot é uma doçura e gostaria de ser minha confidente, mas é fato que não posso lhe contar tudo. Ela me leva muito a sério, sério demais, e reflete demoradamente sobre a sua irmãzinha louca, e me olha com um olhar inquisidor sempre que lhe digo algo, pensando: "É uma piada ou ela está realmente falando sério?"
>
> As coisas são assim porque vivemos uma ao lado da outra: não posso ter minha confidente constantemente ao meu redor.

TRAÇOS

Durante os dois longos anos de clandestinidade, Otto Frank marcou na parede com um lápis o crescimento das duas meninas, M ao lado de A — até hoje é possível ver as iniciais e os traços na Casa de Anne Frank. O pai era provavelmente o primeiro a perceber os conflitos em voz alta ou silenciosos entre as duas irmãs, quando Anne se sentia negligenciada pela mãe e pedia atenção dele. "Que a mamãe tome o partido

A ESQUECIDA MARGOT

da Margot não é novidade nenhuma", escreve Anne em 30 de outubro de 1943. Segundo Anne, seu pai e sua mãe nunca ralhavam com Margot, apenas com ela:

Não tenho nem tive ciúmes da Margot, não desejo ter nem a beleza dela nem a inteligência dela; eu só queria mesmo era sentir um amor genuíno por parte do papai, não só como sua filha, mas como a Anne, do jeito que ela é.

Eu me agarro ao papai porque o meu desprezo pela mamãe cresce a cada dia e porque ele é o único que mantém viva a chama do restinho de amor familiar que me sobrou. O papai não me entende quando quero desabafar a respeito do que sinto pela mamãe. Não quer falar do assunto, evita qualquer alusão aos erros da mamãe.

Margot era três anos mais velha do que Anne. Para crianças nessa idade, três anos fazem uma grande diferença. Em sua biografia de Anne Frank, a autora Melissa Müller retrata também o perfil da irmã mais velha. Margot teria passado, em 1932, de um bebê adorável a uma mocinha encantadora:

Bem-comportada e tímida, quase séria demais, ela tinha olhos escuros e expressivos. Quando brincava e ria, o fazia com decência. Uma criança exemplar que nunca dava trabalho e agradava a todos os parentes. "Margot não suporta beijos", surpreende-se seu primo. Uma pequena dama já com 6 anos — apesar da gordurinha de bebê que teimava em permanecer em suas bochechas e cintura. Uma irmã exemplar para Anne, de quem Margot cuidava de forma comovente e cuja vivacidade e arrogância ela balanceava com sua calma.

PERÍODOS ESCOLARES

Na Páscoa de 1932, Margot foi inscrita na escola Ludwig Richter em Eschersheim, Frankfurt, em um prédio moderno que tinha acabado de ser construído dentro do planejamento urbano da "nova Frankfurt". Tinha janelas grandes para o sul e, em vez de carteiras fixas, como nos tempos da monarquia, mesas leves de canos de aço que podiam ser distribuídas de diferentes modos. Ali tinha se iniciado poucos anos antes uma pedagogia moderna baseada em participação, comunicação e apoio. Alunos católicos e protestantes estudavam ao lado de crianças judias, assim como crianças de famílias ricas ao lado das de famílias mais pobres.

Em 1933, a família se mudou por razões financeiras para um apartamento menor no Dichterviertel, o "bairro dos poetas" de Frankfurt, nos subúrbios da cidade. Margot teve de trocar de escola até a família emigrar, no final de 1933.

Em Amsterdã, Anne foi colocada em uma escola Montessori, particular e progressista, enquanto a filha mais velha

A ESQUECIDA MARGOT

frequentava uma escola primária estatal, a Jekerschool — "provavelmente com base no raciocínio de que a filha obediente e aplicada não conseguiria se desenvolver tão bem no contexto de uma escola Montessori. Ela fazia tudo o que lhe pediam, nem pensava em reclamar e, com isso, não chamava a atenção", aponta Melissa Müller.

De Margot restaram apenas os cadernos escolares, cartas de família e lembranças de algumas colegas de escola. Conhecemos o rosto dela por fotografias. A totalidade do conjunto de itens é pequena. Quem desempenhou um papel importante na transmissão desses itens foi o primo de Anne e Margot, Bernhard Elias, nascido em 1925, chamado pela família de Buddy. Ele se tornou mais íntimo de Anne, embora estivesse mais próximo da idade de Margot. Margot não suportava beijos, ele havia notado. Era um patinador talentoso, admirado pelas duas meninas, vindo a se tornar mais tarde uma estrela internacional da patinação, experiente e bem-sucedido. Também era muito apegado à sua terra natal, a Basileia, e à família. Buddy teve um papel fundamental no trabalho da Anne Frank Fonds.

Margot e Anne tinham criado raízes em Amsterdã. Também por esse motivo, os pais não quiseram se mudar mais uma vez após o início da guerra em setembro de 1939. E, além do mais, para onde ir? A Suíça, neutra, não lhes parecia um lugar muito seguro, ao menos não mais seguro do que os Países Baixos, igualmente neutros. A Palestina ficava muito distante e, devido às restrições do poder do mandato britânico, era praticamente inalcançável. Otto Frank viajou várias vezes a Londres para sondar as possibilidades econômicas, que, naquela época, por fim, não se mostraram viáveis. A prima de Otto, Milly, que vivia em Londres, tinha aconselhado aos pais que mandassem as filhas para a Inglaterra, uma vez que a situação se tornava cada vez mais ameaçadora. Esse plano de "envio das filhas" foi descartado pelos pais. E o capital necessário para uma mudança para os Estados Unidos era alto demais para Otto Frank, mesmo com a ajuda oferecida por parentes em Nova York. Os Frank acabaram ficando em Amsterdã.

Segundo todas as fontes, na constituição familiar, Margot era mais próxima de sua mãe. Ela se tornou algo como uma aluna-modelo, adorava as aulas diárias, as diferentes matérias, as tarefas e trabalhos de classe. Gostava especialmente da aula de religião judaica que Ludwig Jacob Mehler dava nas manhãs de domingo, enquanto outras crianças iam à igreja. A família conhecia o rabino de Berlim ainda da época de Frankfurt, onde ele também já lecionava. Em 1934, ele tinha se mudado para Amsterdã. Ele tampouco conseguiu escapar da perseguição; Ludwig Jacob Mehler morreu em abril de 1945, em Bergen-Belsen.

Em outubro de 1941, ambas as meninas passaram para o liceu judaico; segundo o decreto nazista, elas não tinham mais permissão para frequentar aulas com crianças não judias. As aulas no liceu determinavam ainda tudo o que Otto Frank ensinava a suas filhas no esconderijo. Com o

A ESQUECIDA MARGOT 233

comando das aulas, a autodisciplina, a rotina diária estritamente regrada, todo um cânone escolar foi levado para o esconderijo da rua Prinsengracht.

Anneliese Schütz, mais tarde a primeira tradutora do diário, tinha sido professora de Margot e de Anne, tendo ensinado os clássicos alemães — Goethe, Schiller, Lessing. Conhecer e ler os clássicos fazia parte das boas maneiras da burguesia. Assim como o latim. "Para proporcionar distração e desenvolvimento pessoal para as filhas, o papai pediu um catálogo das Instituições de Ensino Leiden", relata Anne Frank, em 3 de novembro de 1943, e continua:

> A Margot já deu umas boas três xeretadas no calhamaço e não encontrou nada do seu agrado e que coubesse no seu orçamento. O papai foi mais rápido em encontrar algo; ele escreveu à instituição para pedir uma aula experimental de latim básico. Chegou a lição, Margot fez o trabalho de cabo a rabo e, por mais caro que fosse, o adquiriu. Para mim era difícil demais, apesar de eu querer muito aprender latim.

No esconderijo, Margot tinha, assim, aulas de latim por meio de um curso a distância ministrado por Arie Cornelis Nielson, de Roterdã. As tarefas eram enviadas por Bep Voskuijl em seu próprio nome (o que não deixava de ser perigoso) por correio; retornavam com as melhores notas.

Além disso, estudavam as gramáticas do inglês e do francês, História, Geografia, religião. As meninas também aprendiam a estenografia do neerlandês e do alemão. Sem se esquecer da Educação Física: pela manhã faziam ginástica, tanto os jovens quanto os adultos.

Durante os dois anos, a irmã mais jovem pôde alcançar a mais velha. Com capricho, ela anota em 16 de maio de 1944 as matérias de estudo e leitura dos moradores do Anexo, já que todos aprendiam e, sobretudo, liam. Anne documenta: Margot estava estudando literatura francesa, alemã e neerlandesa, contabilidade, "lê de tudo, de preferência livros sobre religiões e medicina". O cânone de matérias da irmã mais velha é mais amplo, porém há também sobreposições. "Anne Frank: [...] adora ler biografias, curtas e secas ou daquelas envolventes, e livros de história (às vezes romances ou literatura leve)."

"IRMÃZINHA"

"Minha querida Anninha, [...] as coisas nem sempre são simples como para a sua irmãzinha", escrevera Otto em 12 de maio de 1939, seu aniversário de 50 anos e 14 de casado, a Anne, na época com menos de 10 anos de idade. A que se devia a suposta simplicidade de Margot?

Cronistas e biógrafos adotaram amplamente a imagem de Margot retratada por Anne, que sempre via na irmã

A ESQUECIDA MARGOT

traços que ela mesma não queria adotar, como é comum para irmãos, sobretudo nos anos de desenvolvimento, distanciar-se para assumir uma personalidade própria. Tudo o que um irmão é, representa ou almeja será rejeitado pelo outro. Embora Anne Frank retrate lugares com precisão, como o esconderijo recém-ocupado — "acho fundamental que você saiba onde foi que eu vim parar", escreve ela a Kitty poucos dias após a mudança —, e embora seja muito precisa com as datas dos acontecimentos, ela transforma as pessoas de seu entorno em figuras literárias. O sr. Dussel sempre foi retratado com traços caricatos, a sra. Van Daan é igualmente descrita de forma exagerada e Peter oscila entre tédio e devaneio, como só uma figura literária que arrebata o coração da narradora poderia fazer. As pessoas do diário são personagens. Sua origem é a realidade, mas no diário assumem estatura e coerência próprias. Por essa razão, não se pode e não se deve nunca trazê-las de volta à realidade como se fez com Margot. As personagens do diário têm direito à vida literária. Dessa perspectiva, a irmã mais velha de Anne Frank é uma figura deveras realista. Sempre que ela aparece no diário, a realidade dura do cotidiano na Amsterdã ocupada é tematizada, o confinamento no Anexo, os conflitos com os outros escondidos, as brigas com a irmã. Entretanto, não ficamos sabendo de quase nada dos sonhos, das brincadeiras, das digressões, da proximidade ou da distância de Margot Frank em relação à sua irmã.

MELHORES AMIGAS

Anne relata a Kitty, na entrada de 8 de julho de 1942 em seu diário, sobre a tarde de domingo de três dias antes, quando bateram na porta da casa da família Frank; um momento de susto, logo sucedido por mais um:

> Uma vez no nosso quarto, a Margot me contou que a convocação era para ela, e não para o papai. Eu me sobressaltei de novo e comecei a chorar. A Margot tem 16 anos; quer dizer então que eles querem despachar jovens tão novas como ela? Felizmente, porém, ela não iria, disse a própria mamãe. Quer dizer então que as palavras do papai se referiam a isso quando me falou do esconderijo.

Margot e Anne competiam pelo amor do pai, a atenção da mãe, o carinho de Peter, em opiniões, conclusões, em sonhos para o futuro e sobretudo em relação à beleza. Porém, apesar de toda essa competição, não se pode esquecer a proximidade das duas.

"A mamãe, a Margot e eu voltamos a ser as melhores das amigas, o que é, na verdade, bem mais agradável", escreve Anne em 14 de outubro de 1942. E prossegue:

> Ontem à noite a Margot e eu estávamos deitadas na minha cama, minúscula, e justamente por isso foi en-

A ESQUECIDA MARGOT

237

graçado. Ela perguntou se por acaso eu a deixaria ler o meu diário.

— Algumas passagens, sim — respondi, ao que eu lhe pedi para ler o dela. Nenhum problema.

Foi quando começamos a falar do futuro e eu lhe perguntei o que ela gostaria de ser. Ela fazia disso um grande segredo.

O diário de Margot não foi preservado, mas ela revelaria mais tarde à irmã o que gostaria de se tornar: enfermeira na Palestina. Para meninas judias, o desejo de emigrar para o então território de mandato britânico não era incomum. Certamente essa aspiração profissional tinha surgido após a entrada de Margot para a organização judaica sionista Hapoel Haza'ir em Amsterdã, comprometida com a emigração para a terra prometida. Nos anos 1930, havia na Alemanha nazista a chamada *Hakhshara*, a palavra em hebraico para "preparação". Em centros de formação, muitas vezes no campo, jovens aprendiam ofícios manuais e técnicos, assim como Medicina. Margot almejava uma formação sólida em uma profissão que fosse útil no território de mandato britânico. "Margot, você ainda quer ir para a Palestina?", pergunta Edith Frank na adaptação teatral de Meyer Levin. "Claro que sim", responde Margot. "Talvez um dia possamos sair daqui. E seu sonho se tornará realidade", diz a mãe. E Margot responde: "Ah, e talvez nós todos possamos ir para lá."

238 THOMAS SPARR

Enfermeira na Palestina — esse não era o sonho da irmã mais nova. E sinagogas eram também um lugar estranho para Anne. Margot, ao contrário, visitava frequentemente a sinagoga reformista de Amsterdã.

O PETER DUPLO

A julgar pelo diário, ambas as irmãs parecem ter se apaixonado por Peter van Daan, que tinha vindo se esconder com seus pais no Anexo da rua Prinsengracht. Antes dele, Anne gostava de Peter Schiff. Um Peter duplo. Um desejo duplo. Uma saudade dupla. "O dia e a noite têm se tornado um pesadelo", escreve Anne em 28 de fevereiro de 1944 a Kitty:

> Eu o vejo praticamente o tempo todo e não posso ir até ele, não posso deixar transparecer nada a ninguém, tenho de estar alegre enquanto dentro de mim só há desespero.
>
> O Peter Schiff e o Peter van Daan convergiram para um só Peter, que é bom e carinhoso e pelo qual eu anseio terrivelmente. A mamãe é horrorosa; o papai, um amor e, por isso mesmo, irritante; a Margot é a mais irritante de todos, porque exige de mim um semblante amoroso enquanto eu só quero que me deixem em paz.
>
> O Peter não veio até mim no sótão, foi à água-furtada, onde fez algum trabalho de carpintaria. Com cada trepidação e cada martelada vai ruindo mais um pedaço

A ESQUECIDA MARGOT   239

do meu ânimo e vou ficando ainda mais triste. Ao longe
badalava um sino: "endireite o corpo, endireite a alma!"
   Estou muito sensível, eu sei. Desesperada e sem juízo,
sei disso também.
   Socorro!

                                        Sua Anne M. Frank

   O diário mostra, na primavera de 1944, como o amor
e a paixão crescem, mas também um sofrimento precoce e
a rivalidade entre as irmãs. As duas disputam o afeto de
Peter, observam-se, mas observam muito mais o rapazinho
amado, mostram-se indiferentes em pontos onde menos o
são. Na entrada do diário do dia 20 de março de 1944, há
uma troca de cartas entre Margot e Anne. Margot gene-
rosamente renuncia a Peter: "Uma prova da bondade da
Margot", escreve Anne. E reproduz a carta da irmã:

   Anne, quando eu disse que não sentia ciúme de você,
   não estava sendo cem por cento sincera. A questão é a
   seguinte: eu não estou com ciúme nem do Peter nem de
   você. Só sinto um pouco de pena de mim mesma por
   ainda não ter encontrado ninguém — e saber que, no
   momento, não vou encontrar — com quem falar do que
   eu penso e do que eu sinto. É justamente por isso que eu
   desejo a vocês de coração toda a felicidade de poder confiar um no outro. Já faltam muitas coisas para você aqui,
   coisas que os outros têm como certas na vida.

Ela se refere a amizades. A irmã mais nova, por sua vez, responde acreditar que Margot nutre por Peter "uma afeição fraternal" e que gostaria de ajudá-lo, "pelo menos tanto quanto eu".

Porém, será que essas cartas das irmãs foram de fato trocadas? Será que elas não foram escritas pela mesma pessoa, no caso, Anne? Vários elementos sustentam essa hipótese. Entretanto, durante muitos anos as cartas foram entendidas como história real, que se tornou cânone para os leitores. Milhões de jovens reconheceram a si mesmos e suas primeiras confusões de amor no episódio do Peter duplo.

O diário de Margot não chegou até nós. Com isso, somos confrontados com uma questão: será que ela de fato escreveu um diário? E uma segunda questão: o que ela teria escrito? Como o teria escrito? De forma tão conscienciosa e realista, com poucas digressões ou devaneios, como a imagem que sua irmã e seus pais tinham dela? Ou será que o diário perdido de Margot Frank seria completamente diferente?

CONTINUAR VIVENDO

Anne Frank está morta. Mas ela vive como mortos costumam viver. Philip Roth, por exemplo, a faz reviver como Amy Bellette. Uma figura sacana e astuta, saudosa, desesperada, mas ao menos viva. E certamente o contrário do ícone que por toda parte se pinta de Anne: a menina bondosa, razoável. A Anne Frank de Philip Roth não inspiraria tantos nomes de escolas e ruas na Alemanha. E, no entanto, o nome da Anne Frank verdadeira é onipresente até hoje. Seu diário ainda é lido, é usado nas escolas, acessível em diferentes formatos. A Casa de Anne Frank em Amsterdã é visitada anualmente por centenas de milhares de turistas; em 2019 foram mais de um milhão. A peça teatral, que há seis décadas corria o mundo, ora é raramente encenada. Porém há novos filmes. O filme de Ari Folman *Where is Anne Frank* (2021) faz com que Kitty mergulhe no mundo atual e se engaje em prol dos refugiados. O filme apresenta um panorama daquilo que Anne Frank representa hoje. Kitty se envolve com pessoas poderosas e chega por meio de um deslocamento temporal ao nosso presente, nos permitindo vê-lo com olhos de surpresa através de seu olhar. *Graphic novels* e mangás chegam ao mercado, instalações e outras produções podem ser vistas em museus. Não há nenhum outro livro na história recente que tenha tornado sua autora tão famosa e cujo nome soe tão programático. Porém, que programa é esse? Mais importante: para quem?

"Quero continuar vivendo depois da morte",[17] confessou Anne Frank ao seu diário. Esse desejo se realizou por meio do seu diário. A "biografia" de um livro é algo diferente da biografia de quem o escreveu. Anne Frank reconheceu isso com uma certeza visionária em cada detalhe que se referia à sua escrita. Alguns livros trazem a ambição de imortalidade. Alguns livros a realizam. É o caso de *O diário de Anne Frank*.

A OBRA PÚBLICA

Além de *O diário de Anne Frank*, não há nenhum outro livro no século XX ao qual se possa atribuir o status de obra pública e ao qual se aplique a denominação de Bertolt Brecht do livro como "mercadoria sacralizada". Poderíamos chamá-lo até de milagre literário.

---

17 Tradução livre de "Ich will fortleben, auch nach meinem Tod", que dá o título ao livro. [*N. da E.*]

CONTINUAR VIVENDO

Primeiramente do ponto de vista econômico: a edição de bolso vende, somente na Alemanha, ano após ano, altos números de cinco dígitos. Porém, para além disso: a Casa de Anne Frank em Amsterdã já foi visitada por milhões de pessoas. Na loja da Casa, *O diário de Anne Frank*, em diversas traduções, é apenas um em meio a todo um arsenal de outros livros e filmes que o circundam, o complementam ou o soterram. Ali, crianças podem adquirir um brinquedo para montar uma miniatura do prédio da rua Prinsengracht onde ficava o Anexo.

Desde o início, Otto Frank compreendera o diário como o legado de sua filha. A receita de honorários, que cresceu nos anos 1950, era vista por ele como "dinheiro da Anne", e não queria tocá-lo, considerando a si mesmo um "administrador".

Em maio de 1957, por iniciativa de outras pessoas — não de Otto Frank —, surgiu em Amsterdã a Anne Frank Stichting (Fundação Anne Frank) para a compra do edifício na rua Prinsengracht, nº 263, e sua transformação em memorial. No outono de 1957, a firma de Amsterdã Berghaus, a quem o imóvel pertencia, doou o edifício à fundação. A casa adjacente pôde ser adquirida por meio de doações. No dia 3 de maio de 1960, finalmente, foi inaugurada a Casa de Anne Frank, que Otto Frank não queria ver como um museu, como explica em um texto programático: "Já nas conversas preliminares sobre a manutenção da Casa de Anne Frank, anunciei que o edifício não deveria se tornar um museu ou um lugar de peregrinação. Ele deve, entretanto, representar um sério alerta do passado e uma esperançosa missão para o futuro."

Otto Frank não queria um lugar de culto. Ele queria que sua filha fosse lembrada pelo que ela escrevera. O pai tinha em mente um local de encontro para jovens, com palestras, cursos, treinamentos e discussões sobre antissemitismo, engajado no entendimento entre os povos e contra preconceitos — em linhas gerais, aquilo que os centros Anne Frank em Frankfurt, Berlim e em outros lugares compreendem como missão.

Contudo, o que ora se tem em Amsterdã é um museu.

O diário de Anne Frank possui até hoje um status singular como obra que representa uma causa pública e que, portanto, precisa estar sob os cuidados do público — do Estado e da sociedade. Essa expectativa de Otto Frank se confirmou. O presidente alemão Theodor Heuss assistiu, em 1956, à montagem teatral do diário em Munique, em um ato simbólico. O governante da RDA, Walter Ulbricht, decidiu subvencionar na mesma época um filme, lançado nos cinemas da RDA em 1959, com o título *Ein Tagebuch für Anne Frank* [Um diário para Anne Frank]. O presidente estadunidense John F. Kennedy enviou uma coroa de flores para a Casa de Anne Frank em Amsterdã. Uma década mais tarde, as portas da Casa permaneceram fechadas para o chefe de Estado da Alemanha Ocidental. Mais ou menos no mesmo período, Nelson Mandela lia *O diário de Anne Frank* como carta de resistência também para o movimento

CONTINUAR VIVENDO 245

de libertação sul-africano. Os Países Baixos publicaram em 1986 uma edição oficial do governo e fizeram com que a negação da legitimidade da obra fosse passível de punição.

Ao lado da leitura individual, há muito se coloca o status oficial. O diário parece representar algo que vai além de seu conteúdo, algo que não apenas caracteriza ou descreve, mas que apela a nós, leitores.

A obra pública é, acima de tudo, uma obra popular, especialmente pelas frases de Anne Frank, que enfeitam placas, cartazes, cartas, álbuns de poesia: "[...] ainda acredito na bondade intrínseca das pessoas"; "Uma pessoa pode se sentir solitária mesmo com o amor de todos, porque ninguém é 'o único amor' de alguém"; "Riqueza, prestígio, tudo se pode perder, mas a felicidade dentro do próprio peito você só pode disfarçar, porém, enquanto viver, ela só lhe trará mais felicidade."

Foram também essas frases que tornaram Anne Frank e seu diário famosos. São ditados de álbuns de poesia, um tanto sentimentais, mas inerentemente genuínos. Elas se assemelham ao estilo de Antoine de Saint-Exupéry. No caso de Anne Frank, entretanto, essas frases estão ao lado da descrição de uma dura realidade.

O público, em todo caso, se afeiçoou ao diário. No cinema, no teatro e nas livrarias, ele se tornou um fenômeno de vendas. Os intelectuais, entretanto, não apenas na Alemanha, mas também em outros países, se abstiveram amplamente e deixaram o sucesso sob a responsabilidade do público: tanto as dores quanto as delícias da trivialidade. O livro era uma estrela solitária: um testemunho de perseguição e ameaça que não chega a retratar os subsequentes horrores dos campos de extermínio. Eles são, porém, mencionados no diário. A obra constitui uma síntese de idílio e horror. De forma clara, porém não extrema, uma história de amor em tempos de guerra, a história da adolescente Anne, com todas as questões e os problemas de meninas na idade dela. Leitoras de 14, 15, 16 anos se identificavam com isso — e ainda hoje se identificam. Tudo isso no inferno da Amsterdã ocupada de 1942 a 1944. O diário termina em 1º de agosto de 1944, três dias antes da prisão das oito pessoas no esconderijo. Sete meses mais tarde, no campo de concentração de Bergen-Belsen, o terrível fim, que aparece no diário como pavor do porvir.

Também da perspectiva histórica, o livro é uma estrela solitária, pelo fato de não haver nenhuma obra equiparável publicada no final dos anos 1940. As várias documentações e os diários surgiram apenas mais tarde. A dificuldade de se encontrar uma categoria editorial para o diário aparece frequentemente na correspondência com Otto Frank: seria um "livro de guerra"? Um diário humanístico universal? Deve ser lido como literatura ou como história contemporânea? É um exemplar da literatura judaica ou uma obra da literatura do exílio? Ou um pouco de tudo isso? Por não haver respostas definitivas, Anne Frank permanece viva nessas questões.

ALEMÃES E JUDEUS

Um parágrafo do diário atraiu bastante atenção para si na história da recepção da obra. Anne Frank escreve em 9 de outubro de 1942:

> Que bela laia, os alemães! E o pior: eu na verdade faço parte dela! Mas não, Hitler já faz tempo nos transformou em apátridas. Aliás, não existe no mundo uma inimizade maior que a entre alemães e judeus.

A frase da menina de 13 anos apareceu na primeira edição traduzida do diário levemente modificada: não haveria uma inimizade maior "do que aquela entre *esses* alemães e judeus".

> A Gestapo trata essas pessoas de forma nem um pouco delicada; elas são levadas em vagões de transporte de gado a Westerbork, o grande campo de judeus em Drenthe. A Miep contou sobre uma pessoa que fugiu de Westerbork. Deve ser um lugar horripilante. As pessoas não recebem praticamente nada para comer, imagine então o que beber. Só têm água uma hora por dia, e há apenas uma latrina e uma pia para alguns milhares de pessoas. Dormem todos uns sobre os outros, homens e mulheres, sendo que estas, assim como as crianças,

costumam ter a cabeça raspada. Fugir é praticamente impossível. As pessoas são todas marcadas pela cabeça rapada, e muitos, pelo seu aspecto judeu.

Se as coisas já chegaram a esse ponto na Holanda, o que pensar da situação dos judeus vivendo nas paragens longínquas e bárbaras para onde são enviados? Supomos que a maior parte deles seja assassinada. A rádio inglesa fala que estão sendo mortos por gás, talvez seja o método mais rápido de matança.

A primeira edição alemã foi suavizada por Otto Frank, pela tradutora e pelo editor em todos os pontos em que alemães e judeus são mencionados — com o objetivo de poupar o público leitor alemão.

A questão principal de discórdia nos anos 1950 era se um autor ou autora de origem judaica deveria escrever a peça de teatro; uma discórdia que se desenrolou nos Estados Unidos, sobretudo por meio do processo de Meyer Levin contra Otto Frank. Para o público alemão, esse tinha sido o primeiro contato com uma autora judia, ainda que ela geralmente não fosse ou não pudesse ser entendida como tal. No ano de lançamento do diário, a editora Suhrkamp publicou *Infância berlinense: 1900*, de Walter Benjamin. Levou bastante tempo até Benjamin ser ao menos percebido como um autor judeu. Essa compreensão do autor, hoje mundialmente famoso, se estabeleceu somente nos anos 1960, quando Gershom Scho-

CONTINUAR VIVENDO 249

lem e Theodor W. Adorno editaram as cartas de Benjamin, levando a uma controvérsia com Hannah Arendt. Meyer Levin tinha razão em seu partidarismo feroz: o judaísmo de Anne Frank permaneceu oculto. As pessoas não o entenderam, o ignoraram.

No dia 11 de abril de 1944, após uma batida na rua Prinsengracht, nº 263, em que a polícia havia sido chamada e chegou até o armário atrás do qual ficava o esconderijo, Anne Frank escreve:

> Somos sempre lembrados de que somos judeus agrilhoados, presos num único lugar, sem direitos, mas com milhares de deveres.
>
> Nós, os judeus, não podemos fazer valer os nossos sentimentos, temos de ser corajosos e fortes, engolir sapos e não reclamar, fazer tudo o que está ao nosso alcance e confiar em Deus. Um dia essa guerra terrível vai ter fim; um dia vamos voltar a ser pessoas, e não apenas judeus!

Em seguida, uma resposta mais extensa à pergunta feita pela própria Anne Frank, "Quem nos faz passar por tudo isso?", junto de um encorajamento: "Sejamos corajosos!"

"Alemães e judeus — um problema não resolvido" foi o título da discussão plenária durante o Congresso Mundial Judaico em agosto de 1966, em Bruxelas, Bélgica, um primeiro encontro oficial de representantes de ambos os povos após 1945. Nahum Goldmann, o então presidente do Congresso Mundial, abriu a discussão em um tom marcadamente sóbrio, antes de passar a palavra para Gershom Scholem, de Jerusalém, nascido em Berlim, em 1897. Scholem falou sobre judeus e alemães e sua relação nos duzentos anos precedentes. Na abertura de seu discurso histórico, ele o qualificou como "uma melancólica empreitada". Em seguida, discursou o historiador Golo Mann, retornado da emigração para a Alemanha Ocidental, que admitiu:

> Aqueles que viveram os anos 1930 e 1940 como alemães nunca mais conseguirão confiar plenamente em sua nação; confiarão tão pouco na democracia quanto em qualquer outra forma de governo; nunca mais conseguirão confiar no ser humano e menos ainda naquilo que otimistas chamavam de "sentido histórico". Aqueles, por mais que queiram e tentem se esforçar, permanecerão tristes até morrerem.

Seguiu-se a ele um discurso do historiador estadunidense, nascido na Polônia, Salo W. Baron, depois outro do então presidente do Parlamento alemão, Eugen Gerstenmaier, que não teve pudor em mencionar o "massacre de judeus", e em seguida uma saudação de Karl Jaspers, da Basileia, que abordou mais uma vez a questão da culpa:

CONTINUAR VIVENDO 251

Parcialmente cientes, acompanhamos tudo sem tomar nenhuma atitude efetiva. Por isso afirmei em meu primeiro discurso público, em 1945: "Nós, sobreviventes, não procuramos a morte. Não fomos, quando nossos amigos judeus eram levados, para as ruas, não gritamos até que exterminassem a nós mesmos. Preferimos permanecer vivos com o fraco, mesmo que correto, motivo de que nossa morte não poderia ajudar em nada. O fato de vivermos é nossa culpa."

"Aliás, não existe no mundo uma inimizade maior que a entre alemães e judeus", escrevera Anne Frank, 24 anos antes em seu diário, resumindo, assim, em uma só frase, como que casualmente, uma história com uma longa repercussão — naquela época, futura; hoje, passada.

LEGADO

Em 1977, Otto Frank deu uma longa entrevista ao jornalista estadunidense Arthur Unger. É como um legado deixado pelo pai de Anne Frank, então com 88 anos de idade, revisitando as principais fases de sua vida. Ele chama sua filha de Anna em vez de Anne; comenta sobre as várias cartas que ainda recebia de leitores do diário, respondendo a todas; fala sobre os Países Baixos, país com o qual mais se sentia conectado, relembra a "Februarstreik" ou "greve de fevereiro", em 1941, por meio da qual trabalhadores neerlandeses se defenderam da perseguição aos judeus em seu país; e fala sobre a Alemanha: "Não vou à Alemanha. Nunca tiro férias lá." Assim como outros sobreviventes, ele não queria mais viver na Alemanha, ainda que a obra de sua filha tivesse uma boa recepção no país.

Otto Frank modificou sete vezes seu testamento ao longo dos anos, até que colocou um único herdeiro universal: a Anne Frank Fonds. Ele fundara a instituição em 1963 junto de sua mulher para gerenciar os honorários das vendas, proteger os direitos autorais do diário e poder atuar em prol de sua ideia de fundação. As folhas do diário de Anne Frank ficaram sob a guarda do NIOD de Amsterdã, que mais tarde coordenou a edição estatal da obra.

Otto Frank morreu em 19 de agosto de 1980 aos 91 anos. No ano anterior, ele tinha participado de um grande evento memorial na igreja Westerkerk pelos cinquenta anos do nascimento de sua filha, com a presença da princesa-herdeira Beatrix, mais tarde rainha dos Países Baixos. Lá estava ela: a publicidade para *O diário de Anne Frank*.

De 1980 até atualmente, os direitos do diário são representados pela renomada agência Liepman, de Zurique, fundada em Hamburgo, em 1949, e amplamente conhecida e reconhecida, com boas conexões na França, na Itália, em Israel, nos Estados Unidos e na Escandinávia. A agência representa obras de autores judeus como Péter Nádas, David Grossman, Hanna Krall, os direitos autorais de Elias Canetti, Norbert Elias e Ida Fink — para citar apenas alguns nomes.

CONTINUAR VIVENDO

No meio editorial, por muito tempo a agência Liepman foi apelidada de "Liebfrauen"[18] em alusão à fundadora Ruth Liepman e às agentes literárias Ruth Weibel e Eva Koralnik Junto a Vincent Frank-Steiner, Eva Koralnik tinha sido a força motriz da nova edição do diário, primeiramente sob a forma da edição crítica do NIOD, em 1986, em seguida como edição de referência mundial, em 1991, produzida por Mirjam Pressler. Eva Koralnik e sua agência venderam a edição para Estados Unidos, França, Coreia do Norte e do Sul, para o mundo inteiro.

Por muitos anos, Eva Koralnik realizou esse trabalho também em razão de sua proximidade biográfica com o destino de Anne Frank. Nascida em 1938, em Budapeste, filha de mãe suíça e pai húngaro, ela sobreviveu à perseguição como criança clandestina em 1944 graças ao diplomata suíço Harald Feller, conseguindo chegar à Suíça com sua mãe e a irmã, nascida no verão de 1944.

Com a edição completa, a Anne Frank Fonds assegurou os direitos do diário por décadas. Um objetivo dessa "edição definitiva" é agir contra a separação do diário em peças que não mais fizessem parte de um todo. O diário deve ser preservado como obra integral.

A importância desse aspecto ficou visível em 2017, quando os "ultras" — a ala extremista de torcedores — do time italiano de futebol Lazio zombaram do time rival

---

18 Um jogo de palavras entre o nome da agência e a palavra, de sonoridade parecida, que significa literalmente "mulheres amáveis". [N. do T.]

Roma colando nas cadeiras do estádio adesivos com uma foto de Anne Frank trajando a camisa do time. Outros adesivos traziam a inscrição "romanista ebreo" ("torcedor judeu da Roma") ou "romanista frocio" ("torcedor maricas da Roma"). As imagens correram o mundo e abalaram líderes políticos na Itália. Na mesma semana, a Associação Italiana de Futebol ordenou a leitura de uma passagem do diário e um minuto de silêncio no estádio da Roma. Os jogadores portaram o retrato de Anne Frank em suas camisas.

Em 2020, durante uma manifestação de negacionistas, na cidade de Karlsruhe, contra as restrições devido à pandemia de covid-19, uma menina, então com 11 anos de idade, se comparou a Anne Frank. A Agência de Segurança alemã abriu investigação do caso.

Ao longo dos anos, o diário perdeu sua força de coesão — surgiu um fenômeno "Anne Frank", uma referência sem vinculação ao diário. Isso tanto inaugura novas perspectivas quanto esconde um perigo: a perda da essência da obra. *O diário de Anne Frank* não pode mais tão facilmente ficar sob os cuidados de chefes de Estado nem de instituições de alto escalão, como antigamente. Eles hoje são contestados, perderam sua legitimidade habitual.

LIVROS SOBRE ANNE FRANK

Uma nova categoria de livros surgiu em torno de Anne Frank ao longo dos anos: a dos ajudantes dos clandestinos,

CONTINUAR VIVENDO

como Miep Gies, com a obra *Meine Zeit mit Anne Frank* [Meu tempo com Anne Frank], que é o relato da mulher responsável por abastecer Anne e as outras pessoas no esconderijo com alimentos. Trechos como "Miep não para de pensar em nós por um minuto sequer" e "Miep anda de um lado para o outro como se fosse um burro de carga" podem ser lidos no diário que, ademais, foi resgatado pela própria Miep Gies. É natural que o presidente alemão Richard von Weizsäcker tenha promovido a edição de 1987 como um "impressionante documento da história contemporânea".

Foram publicados livros de amigas, como Jacqueline van Maarsen, que escreveu o livro *Ich heiße Anne, sagte sie, Anne Frank* [Meu nome é Anne, ela disse, Anne Frank], e Hannah "Hanneli" Pick-Goslar, autora de *Minha amiga Anne Frank*, lançado em 2023. Hanneli Pick-Goslar foi a última amiga de Anne Frank a falecer, em 28 de outubro de 2022, em Jerusalém. Essas duas amigas de Anne mantiveram contato próximo com Otto Frank durante muitos anos.

Francine Prose, Mirjam Pressler e Melissa Müller escreveram biografias extensas e aprofundadas sobre Anne Frank; Carol Ann Lee escreveu uma biografia de Otto Frank e uma de Anne Frank. E essa é apenas uma diminuta seleção dos livros, lembranças, entrevistas, documentários, histórias em quadrinhos e outros formatos com Anne Frank como tema, suficientes para encher várias estantes.

Isso não deve desviar a atenção do fato da atual presença de Anne Frank em filmes e séries em plataformas de streaming.

Sob o título *Anne Frank, minha melhor amiga,* a história de Hanneli Pick-Goslar foi lançada na Netflix. *O diário de Anne Frank* se reflete em inúmeras histórias e em diversos formatos de mídia.

Um tema em específico volta e meia sobressalta o público: quem teria denunciado Anne Frank e os outros que estavam escondidos no Anexo. *Quem traiu Anne Frank?* é o livro da escritora canadense Rosemary Sullivan, publicado nos Países Baixos em 2022, onde gerou polêmica. Um grupo de voluntários, que se autointitularam "equipe de *cold case*", sob a liderança de um antigo agente do FBI, supostamente investigou quem teria sido o delator, chegando ao notário judeu Arnold van den Bergh. Um grupo de historiadores desmentiu essa acusação e constatou problemas no método de investigação adotado no livro. A editora neerlandesa Ambo Anthos recolheu o livro recém-lançado e se desculpou.

O afã criminalista prejudicou o esmero editorial. Há décadas a questão sobre a delação do esconderijo de Anne Frank é debatida.

Também a história de Karl Josef Silberbauer (o "Silberthaler" de Ernst Schnabel), que prendeu os clandestinos em 4 de agosto de 1944 no esconderijo, teve repercussões. Simon Wiesenthal encontrara o nome do responsável em outubro de 1963, após laboriosas pesquisas. O policial foi suspenso de suas atividades e um processo foi aberto contra ele. A suspensão por fim foi retirada. No esclarecimento consta que "não pôde ser comprovado que ele [Silberbauer] tinha conhecimento à época do nazismo que os judeus nos campos de concentração no leste eram sistematicamente exterminados. Karl Silberbauer era meramente um policial servidor público de baixa patente a quem seguramente jamais teria sido revelado um dos maiores segredos dos generais alemães do comando do Reich".

O policial apareceu sentado na mesa da cozinha de sua casa em entrevistas à imprensa austríaca que causaram frisson. A célebre vítima tinha trazido um perpetrador aos olhos do público: um culpado foi desmascarado. Ele não transparecia nenhuma culpa. Silberbauer passou seus últimos anos de vida no serviço interno da polícia de Viena organizando impressões digitais e fotografias de criminosos. Para o serviço externo, seu nome não seria mais cogitado.

QUEERNESS

As iniciativas ao redor de Anne Frank e seu diário estavam comprometidas, como vimos, com a educação social. A historiadora tcheco-britânica Anna Hájková apontou, em 2019, em sua palestra na Hirschfeld Lectures sobre homofobia e o Holocausto, para uma temática praticamente não abordada na percepção pública de Anne Frank: a questão da *queerness*, de um desejo ou uma inclinação de desejo homoafetivo em Anne Frank. Anna Hájková cita uma passagem do diário de 6 de janeiro de 1944, que se encontra na versão *a* do diário. Anne Frank não chegou a passá-la para a versão *b*.

Anne relata como ela, enquanto menina, não podia "refrear a curiosidade" pelo corpo de Jacque — Jacqueline van Maarsen —, "que ela sempre escondia de mim, de maneira que jamais o vi. Eu lhe perguntei se, como prova de amizade, poderíamos tocar uma nos seios da outra. A Jacque recusou." E Anne descreve como ela ficava em êxtase a cada vez que via figuras femininas nuas, e conclui: "Se eu pelo menos tivesse uma amiga!"

Quando, nos anos 1990, Jacqueline van Maarsen ficou sabendo desse trecho no diário, sua reação teria sido ficar "chocada", como David Barnouw relatou mais tarde. Em todo caso, Anne Frank não transcreveu essa passagem em sua versão. Talvez por vergonha ou autocensura — à qual ela não tendia? Ou por intuir como a amiga reagiria? Não sabemos. Sabemos apenas que *O diário de Anne Frank* dá uma contribuição ao entendimento atual de *queerness*.

A franqueza de Anne Frank em relação ao seu corpo e sua curiosidade em relação à sexualidade foram mencionadas muitas vezes. Elas não são incomuns para uma menina na idade dela. Incomum é, entretanto, a forma como ela consegue representá-las.

Em contrapartida, em algumas partes dos Estados Unidos, há esforços de bibliotecas e escolas para colocar o diário na lista de livros proibidos, devido ao fato de ele ser permissivo demais para atender aos padrões dos costumes evangélicos. Também nesse aspecto o diário continua a viver e sua autora a fazer aquilo que ela nos narra mais frequentemente: Anne Frank ri.

NOVAS MÍDIAS: TIKTOK E INSTAGRAM

Atualmente, o diário segue firme e forte em novas mídias, não mais no formato de livro, mas como um fenômeno, indistinguível da própria autora. "Anne Frank" é onipresente no TikTok na forma de fotografias, vídeos, textos. São milhões de cliques que buscam por seu nome e são direcionados ao ano de 1942, aos pertences de Anne e a seu esconderijo, às folhas avulsas e aos diários que ela escreveu, a seu aniversário de 95 anos, em 12 de junho de 2024, e a tantas outras coisas não relacionadas ao cerne do diário, mas que surgiram a partir dele.

Em uma primeira análise da presença do diário no TikTok, descobrimos que cinco em cada dez resultados de busca têm uma relação séria com a figura de Anne Frank, enquanto cerca de dois são depreciativos e um se refere ao diário em si. A maior parte dos usuários do TikTok tem entre 18 e 24 anos. Citações do diário normalmente não são encontradas em entradas sobre sua autora, cuja figura é associada também a escolas, ruas, centros, instituições e iniciativas que levam seu nome. O filme *Where is Anne*

Frank, de Ari Folman, teve um breve boom na plataforma com vídeos curtos e imagens isoladas, normalmente acompanhados de perguntas simples, como "Que lugar é esse?" e "Quem é essa menina?", ou de frases curtas, como "Tudo é Anne Frank" ou "O mistério de Anne Frank".

Em junho de 2024, o perfil da Casa de Anne Frank tinha pouco mais de 100 mil seguidores e 1 milhão de curtidas. É preciso colocar isso em perspectiva e considerar as centenas de milhares de visitantes que a Casa, em Amsterdã, recebe a cada ano.

No Instagram, Anne Frank está mais presente na forma de citações e referências ao diário, sobretudo em vídeo. Isso certamente se deve ao fato de os usuários da rede social serem mais velhos e se expressarem de modo mais político. Os objetivos de Otto Frank e da Anne Frank Fonds de levantar discussões sobre o destino da menina e de outras pessoas em esconderijos — contra o antissemitismo, por um humanismo de coexistência, pelo engajamento político — estão mais presentes no Instagram do que no TikTok. Hoje, assim como tantos outros livros, *O diário de Anne Frank* é lido de modo abreviado, em fragmentos, citações, até mesmo em termos isolados. A leitura é focada em palavras-chave e chavões. Anne Frank como símbolo muitas vezes eclipsa o que fez dela um símbolo: seu diário.

BOB DYLAN

Em todo o mundo, as pessoas esperam ansiosamente por um novo trabalho de Bob Dylan. O cantor é hoje entendido também como escritor. Em 2020, no auge da pandemia de covid-19, Bob Dylan lançou o single "I Contain Multitudes". Segue a tradução da letra:

> Sou como Anne Frank, como Indiana Jones
> E como os *bad boys* britânicos, os Rolling Stones,
> Vou direto ao fim
> Vou direto ao lugar onde coisas esquecidas tornam-se boas outra vez
> Canto as canções da vivência, como William Blake
> Não devo desculpas a ninguém
> Tudo flui ao mesmo tempo
> Vivo nos bulevares do crime
> Dirijo carros velozes, como fast food
> Há multidões dentro de mim

Na canção de quatro minutos, Bob Dylan se descreve como uma miscelânea de identidades: Indiana Jones, Rolling Stones e Anne Frank. Quando questionado pelo *New York Times* o motivo de mencionar a menina ao lado de Indiana Jones, Dylan respondeu:

A história dela é muito significativa, é profunda. É difícil de articular ou parafrasear, sobretudo na cultura moderna, na qual todos retêm tão pouca atenção. Estão descontextualizando o nome de Anne, ela é parte de uma trilogia. Você também poderia me perguntar por que incluo Indiana Jones ou os Rolling Stones. Esses nomes não estão isolados, é a combinação desses três pilares que os eleva a algo além de suas individualidades. É irrelevante detalhar mais. A canção é como um quadro, você não enxerga tudo se olhar de perto. Peças individuais compõem o todo.

O vencedor do Nobel de Literatura acrescenta ainda que sua canção se aproxima mais de uma "psicografia". Aproxima-se, não, *é* uma "psicografia", é assim que ele se sente em relação à música. Cada frase de sua canção tem um propósito específico. As três pessoas mencionadas pagaram um preço para representarem o que representam. Dylan acha a questão difícil de explicar.

EPÍLOGO

Livro de História ou beletrística?

Seria *O diário de Anne Frank* literatura documental e sua adaptação teatral uma peça documental? Em todo caso, ele foi lido, assistido e interpretado dessa forma. Isso influencia a compreensão e restringe a interpretação do livro como obra artística.

Nicolas Berg categorizou o diário como "uma fonte literária clássica desde os anos 1950"; logo após seu lançamento, o diário se tornou "*o* documento do Holocausto". Em sua obra abrangente sobre o Holocausto e os historiadores da Alemanha Ocidental, Berg mostra como esse princípio documental é problemático. O fato de cada argumento ser "embasado por documentos", como afirmou um historiador em uma documentação inicial sobre o Terceiro Reich, ignora o problema crucial: "Dificuldades surgiram apenas a partir da expectativa de objetividade projetada no material."

Tal expectativa de objetividade também não se aplica à obra *O diário de Anne Frank*. Ele descreve circunstâncias históricas, mas em um formato literário. Não é uma fonte histórica no sentido tradicional, mas sim um romance de desenvolvimento, uma crônica familiar e uma história de amor em um mesmo livro. Todos os elementos literários trazem uma correspondência histórica — a imagem da castanheira atrás do edifício na rua Prinsengracht só poderia ser percebida daquela forma por uma pessoa enclausurada que observa a passagem das estações do ano da escotilha do telhado, e a paixão por Peter também foi influenciada por esse destino. Ao mesmo tempo, Anne menciona as circunstâncias históricas da época em um caleidoscópio de digressões literárias.

Os debates decisivos sobre *O diário de Anne Frank* não foram travados na Alemanha, mas nos Estados Unidos, e quase sempre por pessoas judias, como mostrou Hanno Loewy, em 1998. Sobretudo Sander Gilman dá uma contribuição para a compreensão do diário nos Estados Unidos com seu livro sobre a aversão de judeus em relação a si próprios: com a "universalização", na peça de teatro, do sofrimento e da perseguição, as correspondências históricas dele desapareceram.

E a própria peça desapareceu das programações pouco depois, dando lugar a outras peças: *O vigário*, de Rolf Hochhuth, em 1963, e *O interrogatório*, de Peter Weiss, em 1965.

"Anne Frank the Writer. An Unfinished Story" [Anne Frank, a escritora. Uma história inacabada] foi o título de uma exposição, em 2003, no Holocaust Memorial Museum, que ressaltava uma faceta de Anne Frank pela qual seria reconhecida depois: como escritora.

ANEXOS

UM RESUMO DAS VERSÕES
DO DIÁRIO

A versão *a* é o texto original do diário de Anne Frank. A versão *b* é a edição que Anne começou a fazer de seu diário, embora inacabada, que ela estava preparando para uma possível publicação. Ambas foram publicadas pela primeira vez em neerlandês em 1986, sendo traduzidas posteriormente.

A versão *c* do diário foi a primeira que o pai de Anne, Otto Frank, publicou no pós-guerra, em 1947. Ele, que havia perdido toda a sua família, descartou do texto original as passagens que acreditava que pudessem macular a memória de seus parentes.

A versão *d* do diário é a definitiva, produzida por Mirjam Pressler para a Anne Frank Fonds. Ela transforma as versões *a* e *b* em uma terceira, nova e completa. Essa versão substitui a versão *c*, sendo usada no mundo todo desde 1991 como base para as traduções em mais de setenta idiomas e em mais de cem países.

Após setenta anos da morte de Anne Frank, o livro não entrou em domínio público. Em 2015, uma perícia judicial solicitada pela Anne Frank Fonds concluiu que o texto pode permanecer com seus direitos protegidos até 2056 em alguns países, de acordo com as variadas legislações locais, já que é anterior à padronização dos direitos autorais na União Europeia. Um tribunal de Amsterdã confirmou tais decisões em 2016. As edições *c* (de Otto Frank) e *d* (de Mirjam Pressler), assim como as traduções, também permaneceram protegidas por décadas. Dessa forma, a Anne Frank Fonds garante que o diário continue a ser publicado de forma integral e que seus lucros sejam revertidos para caridade ou fins educacionais, como queria Otto Frank.

Mas o diário acaba levantando questões relevantes sobre direitos autorais: o período de proteção de setenta anos após a morte de um autor deve ser aplicado no caso de uma escritora que morreu aos 15 anos em um campo de concentração alemão? Uma escritora cuja vida foi encurtada em décadas? Manuscritos, imagens e outras obras do Holocausto não deveriam ser protegidos de outra forma? Por um período mais longo? Talvez para sempre?

O diário de Anne Frank continuará protegido por algumas décadas, mas isso não se aplica a tantas outras obras produzidas por vítimas da Shoah. Por essas razões, a Anne Frank Fonds lançou a iniciativa Intellectual Property Restitution [Restituição de Propriedade Intelectual], que

UM RESUMO DAS VERSÕES DO DIÁRIO   269

demanda um período adicional de proteção de direitos autorais para vítimas de "crimes contra a humanidade" — também àqueles que foram impedidos profissionalmente ou que tiveram suas publicações postergadas.

Afinal, já dizia Anne Frank: "Quero continuar vivendo depois da morte."

CRONOLOGIA

1942   Anne Frank começa a escrever o diário em junho de 1942. A partir de julho, já o faz do esconderijo no nº 263 da rua Prinsengracht, em Amsterdã.

1944   Anne Frank, sua família e os outros clandestinos são detidos em 4 de agosto e deportados de 3 a 5 de setembro para Auschwitz, passando pelo campo de Westerbork. A última entrada no diário data do dia 1º de agosto.

1945   Edith Frank morre em 6 de janeiro no campo de concentração de Auschwitz. Margot e Anne morrem de tifo supostamente em março, no campo de concentração de Bergen-Belsen. Em junho, Otto Frank retorna para Amsterdã como único sobrevivente da família e do grupo que se escondera no Anexo. Em julho, ele recebe os cadernos e folhas do diário de sua filha das mãos de Miep Gies, uma funcionária da firma Opekta e colaboradora durante os dois anos de clandestinidade. Otto Frank organiza os papéis e permite que partes sejam lidas por amigos e conhecidos.

1946   Jan Romein publica em 3 de abril o primeiro artigo sobre o diário no jornal *Het Parool* com o título "Kinderstem" [A voz de uma criança].

1947   O diário é lançado com o título *Het Achterhuis. Dagboekbrieven van 12 juni 1942 – 1 augustus 1944* [O Anexo: diário de junho de 1942 a agosto de 1944], pela editora Contact, em Amsterdã. Otto Frank se esforça muito para obter uma tradução do diário de sua filha em outras línguas.

1950   O *Journal d'Anne Frank* é publicado em Paris pela editora Calmann-Lévy; na Alemanha, *Das Tagebuch der Anne Frank* é lançado pela editora Lambert Schneider, em Heidelberg.

1952   *The Diary of a Young Girl* é publicado em Londres e em Nova York, assim como as edições do diário em norueguês, dinamarquês e japonês.

1953   A edição em hebraico do diário é lançada em Tel Aviv, assim como a edição sueca em Estocolmo.

1955   Na Broadway, em 5 de outubro, estreia a peça *The Diary of Anne Frank*, com o roteiro de Frances Goodrich e Albert Hackett.

CRONOLOGIA

1956   A peça, com o roteiro da Broadway, estreia na Alemanha Ocidental, na RDA e em outros países europeus.

1959   Após Lothar Stielau colocar em questão a veracidade do diário em 1958, um primeiro processo ocorre e termina com um acordo judicial.

1964   A primeira edição em árabe do diário é publicada em Israel.

1976   Em Hamburgo, a veracidade do diário é questionada mais uma vez.

1980   Em 19 de agosto, morre Otto Frank.

1986   A edição crítica do diário, com as versões *a*, *b* e *c* e prefácios de esclarecimento, é lançada primeiramente em neerlandês e, em 1988, em alemão.

1991   Uma nova edição do diário, "de referência mundial", com a versão *d*, que incorpora as anteriores, é lançada na tradução de Mirjam Pressler primeiramente em alemão. Ela constitui a base para todas as outras edições internacionais.

2013   A íntegra dos textos conhecidos de Anne Frank — os diários, histórias e acontecimentos do Anexo, ensaios e cartas — é publicada em uma edição completa, em alemão, inglês e neerlandês.

2025	Uma nova edição comentada e com críticas textuais do diário está sendo planejada e deve ser lançada em 2025.

AGRADECIMENTOS

A ideia de uma história de *O diário de Anne Frank* partiu de Yves Kugelmann. Agradeço a ele e à comissão da Anne Frank Fonds na Basileia pela confiança em mim. A Rebekka Goepfert agradeço por acompanhar o projeto.

Agradeço a Peter Toebak, o arquivista da Anne Frank Fonds, pelo enorme apoio durante o trabalho, me concedendo acesso irrestrito ao arquivo. O conhecimento de Peter Toebak e a troca de ideias com ele permitiram completar a história deste livro. A Barbara Eldridge agradeço por suas orientações.

A Yelenah Frahm agradeço por sua determinação em concluir a edição; a Alexander Roesler, por ter incluído o livro no catálogo da editora S. Fischer.

A Ursula Kömen agradeço pelas orientações e correções do manuscrito; a Timo Vogt, pelas pesquisas bibliográficas. Katrin Schindler-Wisten me forneceu dicas sobre o universo editorial na Tchecoslováquia do período pós-guerra. Sandra Chiritescu fez uma leitura crítica da parte sobre ídiche. Franziska Krah, do Familie Frank Zentrum, me possibilitou trabalhar no arquivo do Museu Judaico de Frankfurt am Main.

Waturu Murakami e Ursula Graefe responderam perguntas sobre a recepção de Anne Frank no Japão; Samir Grees deu auxílio com relação a traduções para o árabe. Agradeço também a Sultan Almaalouli em Berlim.

Com Katja Manor pude conversar em Jerusalém sobre a edição em hebraico do diário. Agradeço a Nicolas Berg, em Leipzig, por seu parecer histórico da "geração Anne Frank".

Na Fundação Cajewitz, Berlim, tive a oportunidade de falar com pessoas da geração que leu o diário já na década de 1950. Agradeço a elas por essa conversa.

Obrigado a minhas amigas e meus amigos por seus conselhos e pelo apoio: Andreas Kossert, Petra Hardt, Amir Eshel, Jörn Runge, Gesine Dammel, Lisa Schuldt e Matthias Schmitz.

BIBLIOGRAFIA

ARQUIVOS

Arquivo Otto Frank (edição original, em alemão): Suíça, OFA França e Bélgica, p. 38-51; Grã-Bretanha, p. 51, IX; Norddeutscher Rundfunk, p. 212; Japão, p. 138-153; ídiche/hebraico, p. 139; Noruega, p. 143; EUA, p. 154; Suécia, p. 156; "Duitsland" (Alemanha), p. 177.

Arquivo da Família Frank (Familie Frank Archiv)

Arquivo Anne Frank (Anne Frank Archiv)

Deutsches Literaturarchiv Marbach

EDIÇÕES DE *O DIÁRIO DE ANNE FRANK*

FRANK, Anne. *Het Achterhuis*: Dagboekbrieven van 12 juni 1942 – 1 augustus 1944. Amsterdã: Contact, 1947.

FRANK, Anne. *Das Tagebuch*. Heidelberg: Lambert Schneider, 1950.

FRANK, Anne. *Tagebuch*: Version d, in Überarbeitung der Fassung von Otto Frank und in der Übersetzung von Mirjam Pressler. Frankfurt am Main: Fischer Taschenbuch, 2022 [2001].

278   THOMAS SPARR

FRANK, Anne. *Gesamtausgabe*: Tagebücher – Geschichten und Ereignisse aus dem Hinterhaus – Erzählungen – Briefe – Fotos und Dokumente. Frankfurt am Main: Fischer Taschenbuch, 2015.

FRANK, Anne. *Die Tagebücher der Anne Frank*: Vollständige, textkritische, kommentierte Ausgabe. Edição: Staatlichen Institut für Kriegsdokumentation. Frankfurt am Main: S. Fischer, 1988.

FRANK, Anne. *Tagebuch Version a und b*: Kommentierte und textkritische Ausgabe. Edição de Raphael Gross e Martin van Gelderen. Frankfurt am Main: S. Fischer [previsto para 2025].

BIBLIOGRAFIA CITADA

ADORNO, Theodor W. Was bedeutet: Aufarbeitung der Vergangenheit [1959]. *In*: ADORNO, Theodor W. *Gesammelte Schriften*, Bd. 10. 2. Frankfurt am Main: Suhrkamp, 1977. p. 555-572. [Ed. bras.: O que significa elaborar o passado. In: *Educação e emancipação*. Tradução de Wolfgang Leo Maar. Rio de Janeiro: Paz e Terra, 1995.]

BENJAMIN, Walter. *Berliner Kindheit um neunzehnhundert*. Frankfurt am Main: Suhrkamp, 1950. [Ed. bras.: *Rua de mão única – Infância berlinense: 1900*. Tradução de João Barrento. São Paulo: Autêntica, 2013.]

BERG, Nicolas. *Der Holocaust und die westdeutschen Historiker*: Erforschung und Erinnerung. Göttingen: Wallstein, 2003.

BERGES, Grete. Wiedersehen mit Hamburg. *Hamburger Abendblatt*, Hamburgo, 22 jul. 1953.

BIBLIOGRAFIA

BORCHERT, Wolfgang. *Draußen vor der Tür*. Hamburgo: Rowohlt, 1947. [Ed. bras.: *Do lado de fora da porta*. Tradução de Vinícius Casanova Ritter e Gerson Roberto Neumann. Porto Alegre: Class, 2020.]

ENGLANDER, Nathan. *What we talk about when we talk about Anne Frank*. Londres: Weidenfeld & Nicolson, 2013. [Ed. bras.: *Do que a gente fala quando fala de Anne Frank*. Tradução de Claudio Alves Marcondes. São Paulo: Companhia das Letras, 2013.]

FISCHER, Eva-Elisabeth. Eine, die alle zu kennen meinen. *Süddeutsche Zeitung*, Munique, 12 maio 2014. p. 12.

FRISCH, Max. *Tagebuch 1946 – 1949*. Frankfurt am Main: Suhrkamp, 1950.

GOES, Albrecht. *Das Brandopfer*: Erzählung. Frankfurt am Main: S. Fischer, 1954.

HACKETT, Albert; GOODRICH, Frances. *The diary of Anne Frank*. Oxford: Heinemann Educational, 1991.

HAß, Kurt. *Jugend unterm Schicksal*: Lebensberichte junger Deutscher 1946 – 1949. Hamburgo: Christian Wegner, 1950.

HILLESUM, Etty. *Das denkende Herz*: Die Tagebücher von Etty Hillesum 1941 – 1943. Edição: J. G. Gaarlandt. Tradução do neerlandês: Maria Csollány. Freiburg/Heidelberg: F. H. Kerle, 1983. [Ed. bras.: *Uma vida interrompida*. Tradução de Mariângela Guimarães. Belo Horizonte: Âyiné, 2019.]

KOBAYASHI, Erika. *Shin'ai naru Kitty tachi e*. Tóquio, 2011.

LEVIN, Meyer. *The Obsession*. Nova York: Simon and Schuster, 1973.

LEVIN, Meyer. *Diary of Anne Frank* Stage Play Evades Book's Universal Theme. *National Jewish Post*, 14 out. 1955.

LEVIN, Meyer. The Girl behind the Secret Door. *New York Times Book Review*, 15 jun. 1952.

LOEWY, Hanno. Das gerettete Kind: die Universalisierung der Anne Frank. *In*: BRAESE, Stephan *et al.* (ed.). *Deutsche Nachkriegsliteratur und der Holocaust.* Frankfurt am Main: Campus, 1998.

MÜLLER, Melissa. *Das Mädchen Anne Frank*. Berlim: Claassen, 1999. [Ed. bras.: *Anne Frank* – Uma biografia. Tradução de Reinaldo Guarany. Rio de Janeiro: Record, 2000.]

NELSON MANDELA FOUNDATION (ed.). *Address by President Nelson Mandela at the opening of the Anne Frank Exhibition at Museum Africa.* Joanesburgo, 15 ago. 1994. Disponível em: http://www.mandela.gov.za/mandela_speeches/1994/940815_annefrank.htm. Acesso em: 30 out. 2024.

NOSSACK, Hans Erich. *Der Untergang*. Frankfurt am Main: Suhrkamp, 1961.

POLONSKY, David; FOLMAN, Ari. *Das Tagebuch der Anne Frank*: Graphic Diary. Frankfurt am Main: S. Fischer, 2017. [Ed. bras.: *O diário de Anne Frank em quadrinhos*. Tradução de Raquel Zampil. Rio de Janeiro: Record, 2017.]

REICHMANN, Eva G. *Größe und Verhängnis deutsch-jüdischer Existenz*: Zeugnisse einer tragischen Begegnung. Heidelberg: L. Schneider, 1974.

REICHMANN, Eva G. *Die Flucht in den Hass*: die Ursachen der deutschen Judenkatastrophe. Frankfurt am Main: EVA, 1956.

BIBLIOGRAFIA 281

ROBINET, Philippe *et al. Calmann-Lévy de A à Z 1836 – 2016*. Paris: Calmann-Levy, 2016.

ROMEIN, Jan. Kinderstem. *Het Parool*, Amsterdã, 3 abr. 1946.

ROTH, Philip. *Der Ghost Writer*: Roman. Tradução do inglês de Werner Peterich. Reinbek bei Hamburg: Rowohlt, 1988. [Ed. port.: *O escritor fantasma*. Lisboa: D. Quixote, 2017.]

SCHNABEL, Ernst. *Anne Frank. Spur eines Kindes*: ein Bericht. Frankfurt am Main: S. Fischer, 1958. [Ed. port.: *No rasto de Anne Frank*. Tradução de Ilse Losa. Lisboa: Livros do Brasil, 1990.]

WILSON, Cara. *Alles Liebe, Otto*: Das Erbe Anne Franks – Der Briefwechsel zwischen Cara Wilson und Otto Frank. Basileia: Perseus, 1997.

OUTRAS LEITURAS

ADLER, H. G. *Theresienstadt 1941 – 1945*: Das Antlitz einer Zwangsgemeinschaft – Geschichte, Soziologie, Psychologie. Tubinga: Mohr, 1955.

BAILEY, Blake. *Philip Roth*: The Biography. Nova York: W. W. Norton & Co., 2021. [Ed. port.: *Philip Roth*: a biografia. Lisboa: D. Quixote, 2021.]

BARNOUW, David. *Das Phänomen Anne Frank*. Essen: Klartext, 2015.

BERDIAJEW, Nikolai. Christentum und Antisemitismus. *Hamburger Akademische Rundschau*, ano 3, jul. 1948.

BEUYS, Barbara. *Leben mit dem Feind*: Amsterdam unter deutscher Besatzung 1940 – 1945. Munique: Carl Hanser, 2012.

BRAESE, Stephan. *Die andere Erinnerung*: Jüdische Autoren in der westdeutschen Nachkriegsliteratur. Berlim/Viena: Philo, 2001.

BURGESS, Gordon J. A. *Wolfgang Borchert, mit Beiträgen von Rolf Italiaander, Heinrich Böll und Bernd M. Kraske*. Hamburger Bibliographien Band 24. Publicação: Freien Akademie der Künste in Hamburg em colaboração com Staats- und Universitätsbibliothek Carl von Ossietzky, Hamburgo. Hamburgo: Hans Christians, 1985.

GILMAN, Sander L. The Dead Child Speaks: Reading The Diary of Anne Frank. *Studies in American Jewish Literature* 7/1, primavera 1988, p. 9-25.

GILMAN, Sander L. *Jüdischer Selbsthaß. Antisemitismus und die verborgene Sprache der Juden*. Tradução do inglês de Isabella König. Frankfurt am Main: Jüdischer Verlag im Suhrkamp Verlag, 1993.

GOODMAN, David G.; MIYAZAWA, Masanari. *Jews in the Japanese Mind*: The history and uses of a cultural stereotype. Los Angeles, CA: The Free Press, 1995.

GRAVER, Lawrence. *An Obsession with Anne Frank*: Meyer Levin and the "Diary". Berkeley, CA: University of California Press, 1995.

GUTMAN, Israel (ed. em colaboração com Sara Bender). *Lexikon der Gerechten unter den Völkern*: Deutsche und Österreicher. Göttingen: Wallstein, 2005.

HÁJKOVÁ, Anna. *Menschen ohne Geschichte sind Staub. Homophobie und Holocaust* (Hirschfeld-Lectures, Bd. 14). Gotinga: Wallstein, 2021.

BIBLIOGRAFIA

HARTMANN, Christian *et al.* (ed. em nome do Institut für Zeitgeschichte). *Hitler, Mein Kampf*: eine kritische Edition. Munique/Berlim: Institut für Zeitgeschichte, 2016.

HEIMSATH, Katja. *"Trotz allem glaube ich an das Gute im Menschen"*: Das Tagebuch der Anne Frank und seine Rezeption in der Bundesrepublik Deutschland. Hamburgo: Hamburg University Press, 2013.

KIRSCHNICK, Sylke. *Anne Frank und die DDR*: Politische Deutungen und persönliche Lesarten des berühmten Tagebuchs. Berlim: Ch. Links, 2009.

KITTEL, Manfred. *Die Legende von der "Zweiten Schuld"*: Vergangenheitsbewältigung in der Ära Adenauer. Berlim/Frankfurt am Main: Ullstein, 1993.

KRASKE, Bernd M. Die mutige "Akademische": Erinnerung an eine nicht alltägliche Zeitschrift. *Die Zeit*, 13 jun. 1986.

KULTUSMINISTER greift durch: Studienrat Stielau suspendiert. *Kieler Nachrichten*, 7 jan. 1959.

LEE, Carol Ann. *Otto Franks Geheimnis*: Der Vater von Anne Frank und sein verborgenes Leben. Tradução do inglês: Renate Weibrecht e Helmut Dierlamm. Munique/Zurique: Piper, 2002.

LEOPOLD, Ronald. *Anne Frank*: Aus dem Niederländischen von Waltraud Hüsmert. Munique: C. H. Beck, 2023.

MALINOWSKI, Stephan. *Die Hohenzollern und die Nazis*: Geschichte einer Kollaboration. Berlim: Propyläen, 2021.

MERSEBURGER, Peter. *Theodor Heuss*: Der Bürger als Präsident. Munique: DVA, 2012.

284   THOMAS SPARR

MITSCHERLICH, Alexander; MITSCHERLICH, Margarete. *Die Unfähigkeit zu trauern*: Grundlagen kollektiven Verhaltens. Munique: Piper, 1967.

ONDERLINDEN, Sjaak (ed.). *Interbellum und Exil* (Amsterdamer Publikationen zur Sprache und Literatur, Bd. 90). Amsterdã: Editions Rodopi, 1991.

OZICK, Cynthia. Who owns Anne Frank? *New Yorker*, 6 out. 1997.

PAAPE, Abraham Harry *et al. De dagboeken van Anne Frank.* Minneapolis: University of Minnesota, 1986.

PICK-GOSLAR, Hannah. *My Friend Anne Frank*: The Inspiring and Heartbreaking True Story of Best Friends Torn Apart and Reunited Against All Odds. Nova York: Hachette Book Group, 2023. [Ed. bras.: *Minha amiga Anne Frank*. Tradução de Bonie Santos. São Paulo: Buzz, 2023.]

PRESSLER, Mirjam. *"Grüße und Küsse an alle"*: die Geschichte der Familie von Anne Frank. Frankfurt am Main: S. Fischer, 2009. [Ed. bras.: *A história da família de Anne Frank*. Tradução de André Delmonte, Herta Elbern e Marlene Holzhausen. Rio de Janeiro: Record, 2016.]

RAND, Robert. The Diary of Anne. *Tablet*, 12 jun. 2018.

SCHÖNAU, Birgit. Eklat bei Lazio Rom: Die Verhöhnung der Anne Frank. *Süddeutsche Zeitung*, 25 out. 2017.

SCHNABEL, Ernst. Antwort an den Studienrat. *Welt am Sonntag*, Hamburgo, 1959.

STEIN, Hannes. Die liberale Zeitzeugin, die an Anne Frank erinnert. *Die Welt*, 11 jun. 2019.

BIBLIOGRAFIA

STIELAU, Lothar. Stimmen zum Spiel – Tom Sawyers großes Abenteuer. *Vereinigung ehemaliger Schüler und der Freunde der Oberschule zum Dom e. V. Lübeck*, 10 out. 1958.

SULLIVAN, Rosemary. *Het verraad van Anne Frank*: het baanbrekende onderzoek van een internationaal coldcase-team in Nederland. Amsterdã: Ambo Anthos, 2022. [Ed. bras.: *Quem traiu Anne Frank?*: a investigação definitiva sobre a morte da autora do diário mais famoso do mundo. Tradução de Ivanir Calado. Rio de Janeiro: HarperCollins Brasil, 2022.]

SZONDI, Peter. *Theorie des modernen Dramas*. Frankfurt am Main: Suhrkamp, 1956. [Ed. bras.: *Teoria do drama moderno (1880-1950)*. Tradução de Luiz Sérgio Repa. São Paulo: Cosac Naif, 2001.]

VAN IPEREN, Roxane. *Ein Versteck unter Feinden*: Die wahre Geschichte von zwei jüdischen Schwestern im Widerstand. Tradução de Stefan Wieczorek. Hamburgo: Hoffmann und Campe, 2020.

VAN MAARSEN, Jacqueline. *Ich heiße Anne, sagte sie, Anne Frank*. Frankfurt am Main: Fischer Taschenbuch, 2005.

VOGEL, Rolf. *Der deutsch-israelische Dialog*: Dokumentation eines erregenden Kapitels deutscher Außenpolitik, Band 6, Kultur. Munique: Saur, 1989.

WAGNEROVÁ, Alena. Als Janouch mir entgegenkam. *Neue Zürcher Zeitung*, 4 nov. 2006.

WAS schrieb das Kind? *Der Spiegel*, 1 abr. 1959.

ZWIGENBERG, Ran. "Why Are the Japanese So Fascinated with Anne Frank?" *Haaretz*, 22 jan. 2014.

ARQUIVOS DE ÁUDIO

Discurso de Martin Buber na entrega do Prêmio da Paz do Comércio Livreiro Alemão. Disponível em: https://www.friedenspreis-des-deutschen-buchhandels.de/alle-preis-traeger-seit-1950/1950-1959/martin-buber. Acesso em: 30 out. 2024.

Transmissão original (peça radiofônica) de *Draußen vor der Tür*, de Wolfgang Borchert. Disponível em: https://archive.org/details/draussen_vor_der_tur/draussen_vor_der_tuer.m4a. Acesso em: 30 out. 2024.

Ernst Schnabel, *Spur eines Kindes*, Norddeutscher Rundfunk, primeira transmissão em 9 de março de 1958. Disponível em: https://www.youtube.com/watch?v=qj8Wz2luQ_Q. Acesso em: 30 out. 2024.

FILMES

Het Wonder van Anne Frank (documentário, 1959)

La vie commence demain (documentário; Nicole Védrès, 1950)

The Diary of Anne Frank (ficção; George Stevens, 1959)

Where is Anne Frank (animação; Ari Folman, 2021)

CRÉDITOS DAS IMAGENS

Imagens 1, 2, 4, 5, 6, 8, 10, 11, 12 e 14: ©ANNE FRANK FONDS, Basileia

Imagem 3: © picture alliance/EPA-EFE|HAYOUNG JEON

BIBLIOGRAFIA

Imagem 7: © Arnold Newman/Arnold Newman Collection via Getty Images

Imagem 9: © mauritius images/BNA Photographic/Alamy/ Alamy Stock Photos

Imagem 13: © mauritius images/Alamy Images Ltd./Alexandra King

Este livro foi composto na tipografia Minion Pro,
em corpo 11,5/17, e impresso em
papel off-white no Sistema Cameron da
Divisão Gráfica da Distribuidora Record.